영혼의 공사

영혼의 공사

이
건
호

규장

생수의 강이 흘러나오는 여정

나를 믿는 자는 성경에 이름과 같이 그 배에서 생수의 강이 흘러나오리라 요 7:38

이 말씀은 교회학교 아이들도 알 만한, 매우 익숙한 성경 구절이다. 그러나 이 말씀을 실제 삶에서 체험하며 살아가는 사람은 그리 많지 않은 것 같다. 오히려 우리는 이런 의문을 품게 된다.

'왜 예수님을 믿는 내 배에서는 생수의 강이 흘러넘치지 않는 것일까?'

이 책은 나도 한때 품었던 이 질문에 대한 답을 찾아가는 여
정이다.

내게 임한 성령의 은혜

이 책을 쓰면서 60여 년의 내 인생과 신앙 여정을 돌아보았
다. 인생의 초반 20여 년은 하나님을 모르고 방황하며 목말라
하던 시절이었다. 대학에 들어가면서 술을 마셨고, 신경정신과
에 다니며 약을 먹기도 했다.

그러던 중 하나님의 은혜로 22세에 예수 그리스도를 믿고 구
원받았다. 당시 구원의 감격은 있었지만, 내 마음의 목마름은
전혀 해결되지 않았다. 그때도 요한복음 7장 38절 말씀을 들
었지만, 나와는 상관없는 말씀 같았다. 이 말씀을 누구 하나
시원하게 설명해 주는 이도 없었다.

그런 내 신음을 들으신 하나님은 내 영혼에 공사를 시작하셨다. 내 상처를 치유하시고, 가르치시고, 변화시키셨다. 성령 충만의 방해물이던 가정을 새롭게 고쳐 주셨고, 힘든 영적 전쟁에서 승리하게 하셨다. 그리고 영혼의 공사를 통해 내 육신을 다루시고, 벽을 제거하시고, 그늘을 밝히셨다.

내 영혼의 공사가 어느 정도 마무리되자, 그렇게 원하던 요한복음 7장 38절 말씀이 내게도 나타나 내 배에서도 생수의 강이 흘러나오기 시작했다. 연약한 나를 통해 가족이 살아나고, 많은 사람이 치유되었다. 은사가 나타나고 내 영혼육과 목회와 설교에 성령의 스며듦을 경험했다. 지금은 성령님의 생수의 강을 누리며 살고 있다.

하나님의 특별한 섭리

감사하게도, 이 책을 쓰는 과정에서 하나님의 특별한 섭리를 경험했다. 각 장을 쓸 때마다 적절한 말씀이 떠오르고, 내가 겪은 일들과 연결되는 은혜가 있었다. 그동안 해온 많은 설교와 강의가 요한복음 7장 38절 한 절에 다 정리되는 것 같았다.

특히 집필을 마칠 즈음, 영국과 한국에서 열린 목회자 세미나에 추천받아 강사로 서게 되었다. 이 책의 내용으로 영국에서 3일간 세미나를 인도할 때, 학자들과 연륜 있는 선배 목사님들과 사모님들의 반응이 꽤 좋아서 큰 격려를 받았다. 나는 자신감을 얻어 책을 마무리할 수 있었다.

성경 말씀 한 절로 이렇게 긴 책을 쓰게 될 줄 몰랐다. 시작하게 하시고 포기하지 않고 마칠 수 있도록 은혜를 주신 하나님께 감사와 영광을 돌린다.

무엇보다 몇 년에 걸쳐 출간을 권면해 준 규장 여진구 대표님에게 참 감사하다. 그의 강권이 없었다면 책을 쓸 엄두도 내지 못했을 것이다. 적절하고 세밀하게 도와준 편집부 김아진 실장님에게도 감사의 마음을 전한다.

이 책이 나오기까지 오랜 시간 기도해 주신 순복음대구교회 성도 모두에게 깊은 감사를 드린다. 그리고 긴 신앙 여정 가운데 어려움을 함께 나눈 아내 조성은 사모와 은혜, 동녘과 영찬이에게 고마움을 전한다.

아무쪼록 이 책이 성도의 신앙 여정에 작은 도움이 되길 바란다. 생수의 강을 실질적으로 누리며 성령 안에서 더욱 풍성한 삶을 살아가기를 소망하며 기도한다.

이건호

PART 2 영적 공사의 실재

PART 3 내 배에서 흐르는 생수의 강

01
영혼의
치유

1부에서는 '마음의 문제가 성령을 방해한다'라는 전제 아래 마음의 상처와 병든 감정, 가정 문제, 그리고 죄와 영의 문제를 다룬다. 그렇다고 해서 특정한 치유 사역만을 다루지 않고, 성도에게 보편적으로 나타나는 마음의 문제를 중심으로 살펴볼 것이다. 무엇보다 이미 우리 안에 계신 성령님이 흘러나오지 못하게 막는 방해물을 처리해야 한다. 내가 경험한 치유와 치유 이후 나타난 '생수의 강'의 실제 경험이 도움이 되길 바란다.

Chapter 1

생수의 강이 흐르려면

명절 끝날 곧 큰 날에 예수께서 서서 외쳐 이르시되 누구든지 목마
르거든 내게로 와서 마시라 나를 믿는 자는 성경에 이름과 같이 그
배에서 생수의 강이 흘러나오리라 하시니 이는 그를 믿는 자들이
받을 성령을 가리켜 말씀하신 것이라 (예수께서 아직 영광을 받지 않
으셨으므로 성령이 아직 그들에게 계시지 아니하시더라) 요 7:37-39

그 유명한 '생수'에 관한 말씀이다. 교회에 좀 다녀본 사람이
라면 친근한 말씀이기도 하다. 그런데 왜 이 말씀을 실제로 삶
에서 경험한 사람은 많지 않은 걸까?

마틴 로이드 존스 목사는 그의 명저 《영적 침체》에서 초대 교
회가 급속히 성장한 원인 중의 하나가 성도들이 기쁨으로 가득
차 있었기 때문이라고 말한다. 반면 오늘날 세상 사람들은 자

기가 본 축구 경기나 영화에 대해 신이 나서 떠드는 데 반해 성
도들은 기쁨 없이 우울하고 불행해 보일 때가 많다고 지적했는
데, 맞는 말 같다.

내가 그랬다. 이 책은 내가 이 질문을 놓고 지난 30여 년간
기도하고 씨름하며 연구하여 찾은 답이다. 나는 생수의 강에
대한 목마름이 누구보다 강했다. 고등학생 때부터 마음의 병
을 앓고 힘들어하며 방황했다. 그런데 예수님을 영접한 후, 정
말 이 말씀대로 내 배에서 생수의 강이 흘러나왔고, 놀라운 치
유도 경험했다.

세월이 흘러 16년 전, 순복음대구교회 담임목사가 되었다.
부임 당시 산산이 부서져 있던 우리 교회에도 생수의 강이 흐
르는 놀라운 회복이 일어났다. 이 책을 통해 나와 같이 목마른
자들, 우리 교회처럼 깨어져 상처 입은 교회들이 다시 일어서길
바라며 이야기를 해보려고 한다.

내가 경험한 생수의 강

대학교 2학년 겨울방학 때 나는 예수님을 구주로 영접했다.
당시 나는 신경정신과에 다니고 있었다. 고등학교 때부터 시
작된 불안과 두려움을 감당하기 어려웠고, 편두통이 너무 심했

다. 그래서 힘든 마음을 술로 달래도 보고, 몸을 혹사하며 바쁘게 살아보려 애썼지만, 결국 병원 신세를 지고 말았다.

"넌 누구를 그렇게 미워하니?"

나를 진단한 의사의 첫마디였다. 그는 내 안에 부글부글하는 욕구불만이 몸의 현상으로 나타난 것이라고 설명했다. 그러면서 덧붙여 말했다.

"되도록 사람이 많은 곳에 취직하지 말고, 혼자 할 수 있는 일을 택하렴. 결혼도 안 하는 게 나을 수도 있어. 내가 진단서를 써주면 넌 군대에 안 가도 된단다."

너무나 낙심이 되고 두려운 말이었다. 이후 나는 하루에 네 번 약을 먹고, 한 달에 한 번 상담을 받으며 4년 동안 병원에 다녔다. 그러다 옆집 형의 전도로 예수님을 믿고 교회에 가게 되었다.

약을 먹고 상담을 받으며 대학을 졸업했고, 은행에 취직한 후에도 계속 병원에 다니며 교회도 갔다. 성가대에서 봉사도 했다. 그런데 즐거운 찬양을 부르면서도 내 속에서는 '이게 아닌데…' 하는 회의가 들 때가 많았다. 기도도 하고, 상담도 받고, 안수기도도 받았지만, 내 증상은 전혀 나아지지 않았다.

그러던 어느 날, 성가대에서 함께 봉사하던 한 자매가 〈에베소서 강해집〉을 선물로 주었다. 미국의 치유사역자 잭 윈터 목사님의 에베소서 설교를 테이프에 녹음한 것이었다. 나는 그

테이프를 듣다가 실로 놀라운 체험을 했다.

잭 윈터 목사님은 예수님을 믿고 거듭난 자는 누구나 성령님이 그 안에 내주하시는데, 이는 '기쁨의 영'이라고 하셨다. 그런데 많은 사람이 기쁨을 누리지 못하는 이유는, 그 성령님을 막고 있는 것이 있기 때문이라고 하셨다. 마치 컵에 생수가 들어 있어도 뚜껑이 닫혀 있으면 마시지 못하는 원리와 같다고 하셨다.

나를 고친 한 문장의 기도

그리고 이어서 내 인생을 바꿔놓은 한 문장의 기도를 가르쳐주셨다.

"하나님, 죄가 있으면 떠오르게 하시고, 상처가 있으면 생각나게 해주세요."

상처와 죄가 내 안에 있는 생수의 강을 막는 가장 큰 장애물이었다. 이 기도를 하면 고구마 뿌리에서 고구마가 계속 딸려 나오듯 계속 생각이 날 텐데, 죄가 떠오르면 회개 기도를 하고 상처를 알게 되면 그냥 울라고 하셨다. 그러면서 내가 평생 잊을 수 없는 말씀도 하셨다.

"어린아이가 마음이 아플 때 실컷 울지 못하면, 나중에 커서 몸뚱이가 웁니다. 암이나 정신병에 걸려 울게 됩니다."

그 말이 깊이 이해되면서 꼭 내 이야기 같아서 곧장 그 기도를 따라 하기 시작했다. 듣던 테이프를 잠시 끄고 그대로 따라 했다.

"하나님, 죄가 있으면 떠오르게 하시고, 상처가 있으면 생각나게 해주세요."

그러자 놀라운 일이 일어났다. 당시 나는 20대 후반이었는데, 7세 때 기억이 선명하게 떠올랐다. 아버지가 출근하자마자 새어머니가 걸레통으로 내 머리를 때리는 장면이었다. 순간 마음에 '왈칵' 무언가가 올라왔다. 그때 테이프에서 들은 "울어야 할 때 울지 못하면 나중에 몸뚱이가 운다"라는 말씀이 떠올라 실컷 울어버렸다.

그리고 나니 두 가지가 참 좋았다. 하나는 하나님이 이 장면을 보셨다는 것이다. 내가 생각나게 해달라고 기도했을 때, 하나님이 떠오르게 하신 것은 그분이 보셨다는 말이 아닌가! 그 자체가 큰 위로가 되었다. 또 하나는 울고 나니 마음이 참 시원했다. 그래서 그날 이후 매일 하나님께 이 기도를 드렸다.

생수의 강을 체험하다

성령께서 내 죄와 상처를 떠오르게 해주시길 간절히 기도했다. 그때마다 아픈 기억이 떠올랐고, 슬픔과 응어리도 같이 올라왔다. 그 마음 그대로 주님 앞에 부르짖었다. 그때마다 속이 뻥 뚫린 듯 시원해짐을 느꼈고, 하나님이 다 보고 계신다는 안도감이 들었다.

그렇게 8개월간 기도했는데, 주로 새어머니에게서 상처받은 기억이 떠올랐다. 때로는 수건을 입에 꽉 물고 내 속에 있는 쓴 뿌리를 뽑아내기도 했다. 하염없이 부르짖기도 하고, 또 가슴을 계속 치기도 했다. 내 속의 응어리가 그렇게 많은 줄 미처 몰랐다.

그 기도를 시작한 지 8개월째 되는 어느 토요일 오후였다. 여느 날처럼 하나님 앞에 기도하는데 초등학교 3학년 때 기억이 떠올랐다. 기억 속에 아침 7시를 가리키는 시계가 보였다.

갑자기 내 방문이 열리고 새어머니가 뛰어 들어왔다. 그리고 잠든 나를 보더니 내 얼굴을 발로 마구 때리셨다. 자다가 깜짝 놀란 나는 깨어 울었다. 순간 내 안에서 이전과 달리 살기(殺氣)가 올라오는 걸 느꼈다.

기도하던 나는 벌떡 일어나 어머니 방으로 뛰어 내려갔다. 다행히 어머니는 없었다. 나는 그 방에서 막 소리를 지르며 물건을 손에 잡히는 대로 던졌다. 그때 누군가 뒤에서 내 이름을 불렀다.

'건호야! 건호야!'

뒤돌아봤지만 아무도 없었다. 하지만 그것이 하나님의 음성임을 알 수 있었다. 예수님을 영접한 지 얼마 되지 않았어도 분명히 알았다. 내 평생 처음으로 하나님의 음성을 들은 것이다. 이어서 하나님이 내게 질문하셨다.

'새어머니가 너를 왜 그렇게 때린 줄 아느냐?'

"원래 못된 경상도 여자잖아요!"

지금 같으면 그럴 듯한 대답을 했을 텐데 흥분한 상태에서 나도 모르게 소리쳐 버렸다. 새어머니는 경남 진주 분이었다. 충청도 양반 집안에서 자라 점잖은 아버지와 달리 새어머니는 경상도 사투리로 나를 호되게 꾸짖고 때리기도 하셨다. 아마 그게 내게 큰 응어리로 남았던 것 같다. 바로 그때 주님이 다시 말씀하셨다.

'아니다. 새어머니도 상처받아서 그렇다.'

그러면서 새어머니의 인생이 내 앞에 영화처럼 펼쳐졌다. 첫 결혼에서 삼 남매를 낳아 기르다가 남편과 헤어지고, 아버지를 만나 우리 삼 남매까지 여섯 아이를 기르게 된 기구한 인생이 내 눈앞을 스쳐 지나갔다. 그 순간, 어디선가 물결 같은 것이 나에게 밀려왔다. 새어머니가 불쌍하다는 감정이었다. 그

물결이 내 안으로 쏙 들어오면서, 나도 모르게 어머니가 가련하게 생각되었다. 어머니가 너무도 불쌍해 보였다.

그러자 내 배에서 고구마 크기의 알 수 없는 무언가 두 개가 차례로 내게서 떠나가는 것을 느꼈다. 이어서 머리 뚜껑이 열리는 체험을 했고, 오랜 시간 나를 괴롭힌 심한 두통이 순간적으로 떠나갔다. 이어서 하늘에서 물인지 기름인지 모를 시원한 것이 내 머리로 들어와 온몸을 씻고 내 배에서 터져나가는 체험을 20분 정도 했다. 나중에 그런 체험이 성경에 있다는 걸 알았다.

나를 믿는 자는 성경에 이름과 같이 그 배에서 생수의 강이 흘러 나오리라 요 7:38

내가 이 말씀을 실제로 체험한 것이었다. 내 속에서 생수의 강이 터져버렸다. 얼마나 시원하고, 또 얼마나 감사했는지 모른다. 하나님께서 어머니에 대한 상처를 재해석해 주신 것이다. 진리를 알지니 진리가 너희를 자유케 한다는 말씀대로 어머니에 대한 감정이 미움에서 긍휼로 바뀌자 상처에서 자유하게 되었다(요 8:32).

그 후로 어머니와는 편안한 관계가 되었다. 전도사 시절에 월급을 타면 어머니에게 용돈을 드렸는데, 용서하니까 정말 드리고 싶은 마음이 들었다. 영어로 '용서'라는 단어가 'forgive'인데, '주다'라는 뜻인 'give'가 들어 있다.

나중에 목사가 되어 알고 보니 하나님께서 내 속의 굳은 마음을 제거하시고 부드러운 새 마음을 주신 것이었다(겔 36:26).

영적 수술과 영적 도약

그 체험 후로 기도할 때 더는 새어머니에 대한 상처가 떠오르지 않았다. 그리고 죄와 상처에 대해 기도하자, 한 달 동안 아버지에게 섭섭했던 마음의 상처가 떠올랐고, 하나님이 만져주시는 은혜를 누렸다.

또 다른 한 달은 형제자매에게 받은 상처가 생각났고, 그다음 한 달은 학교 아이들과 선생님들에게 받은 상처를 치료받았다. 그렇게 1년 2가월 동안 하나님께서 나를 영적으로 수술해주셨다.

그 후 놀랍게도 약을 먹지 않아도 정상적인 생활이 가능해졌다. 이 체험은 내 인생의 놀라운 전환점이 되었고, 새로운 영적 단계로 도약하게 해주었다.

만약 내가 그때 영적 치유를 경험하지 못했다면 지금의 나는 없을 것이다. "나를 믿는 자는 … 그 배에서 생수의 강이 흘러나오리라"(요 7:38)라는 말씀을 실제로 체험한 후 내 배에서, 내 영혼에서 생수의 강이 더 깊고 강하게 자주 흘러넘쳤다.

혹시 당신도 나와 같은 고민을 하고 있다면, 당장 책을 내려 놓고 이렇게 기도해 보라.

"하나님, 죄가 있으면 떠오르게 하시고 상처가 있으면 생각나게 해주세요."

이 기도를 하면 사람마다 차이는 있겠지만, 죄와 상처가 줄줄이 떠오를 것이다. 죄가 떠오르면 무조건 회개하라. 그저 잘못했다고 빌면 된다. 상처가 떠오르면 일단 하나님께 울부짖어보라. 그러면 성령께서 신기하게 인도해 가신다.

그리고 영적 수술이 끝날 때까지 포기하지 말고 계속 기도하라. 그럴 때 하나님의 놀라운 치유가 임할 것이고, 그 치유의 경험은 영적 풍요로 이어질 것이다.

우리 교회가 경험한 생수의 강

나는 개인적으로 생수의 강을 경험하기도 했지만, 담임목사로 섬기고 있는 순복음대구교회도 생수의 강을 체험했다. 한때 대구에서 가장 큰 교회였지만, 내가 부임하기 3년 전에 산산이 깨어져 성도들의 마음에 상처와 목마름이 가득했다. 성도들은 다 흩어졌고, 재정적으로도 빚이 많은 상태였다. 더 심각한 것은 성도들의 마음이 상처와 낙심으로 가득해 예배 분위기가 꺼 간 냉랭한 게 아니었다.

나는 청빙 절차 중에 설교를 부탁받고 교회에 방문했다. 집에 돌아왔을 때 당시 초등학생 아들이 물었다.

"그 교회 어땠어?"

"응, 귀신이 둥둥 떠다니는 것 같더라."

농담처럼 한 말이었지만, 그만큼 상처 입은 교인들이 많았다. 교계에서도 '사나운 교회'로 소문난, 망가질 대로 망가진 교회였다. 그래서 두 번이나 청빙을 거절했다. 심하게 부서진 교회에서 목회할 자신이 없었다.

그러나 장로님들이 서울 우리 집까지 찾아와 눈물로 청빙 요청을 하셨다. 나는 기도하는 가운데 담임목사를 수락하고 대구로 내려와 사역하게 되었다. 그리고 16년이 지난 지금은 하나님의 은혜로 성도의 마음에 생수의 강이 흐르는 놀라운 회복을 경험하고 있다. 소망이 없던 교회에 성도가 다시 모여들고, 웃음과 기쁨이 깃들었다.

또한 성령의 임재가 얼마나 강하고 아름다운지를 경험하려고 타 교회 성도와 목회자들이 방문할 정도이다. 심지어 외국에서도 찾아온다. 돌아갈 때는 성령의 임재에 큰 은혜를 받았다는 소감을 전하곤 한다.

그 많던 빚도 다 갚고 재정적으로 안정을 찾는 하나님의 은혜가 있었다. 그야말로 죽었다가 다시 산 교회가 되었다. 교회 이야기는 뒤에서 자세히 나누려고 한다. 이처럼 교회에도 생수의 강이 꼭 흘러야 한다.

폭포수 같은 생수의 강

오래전에 가족과 함께 오산리 기도원으로 여름휴가를 간 적이 있다. 마침 부흥회를 인도하러 오신 미국 목사님 부부를 만났다. 한때 놀라운 부흥이 일어난 펜사콜라 부흥의 발원지였던 브라운스빌교회를 담임하는 이반 홀튼 목사님이었다.

펜사콜라의 부흥으로 몇 년 동안 놀라운 성령의 역사가 매일 밤 일어났던 그 현장에서 사역한 분이었다. 당시 그는 부목사로, 성령의 폭포수가 쏟아지는 것 같았다고 그때를 회상했다.

그런데 교회 리더십 사이에 분열이 생겨 성도들은 뿔뿔이 흩어졌고, 그 놀라운 부흥이 멈춰버렸다. 이후 담임목사가 된 그는 교회의 영적 상태를 "매일 밤 성전에 폭포수가 쏟아졌던 강단이 지금은 시냇물이 졸졸 흐르는 정도로 약해졌다"라고 말했다.

그때 큰 깨달음을 얻었다. 교회든, 성도의 마음이든 분열과 상처와 깨어짐이 있으면 폭포수 같은 성령의 역사가 졸졸 흐르는 시내가 될 수 있음을 보여주는 사례였기 때문이다.

Chapter 2

마음의 상처

치유 경험 이후, 하나님은 나를 신학교로 이끄셨다. 졸업 후 목사 안수를 받은 후에 유럽으로 건너가 선교 사역을 하게 하셨다. 그곳에서 유럽인들 심지어 선교사들도 마음의 병으로 힘들어하는 것을 보았다. 선교지에서 현지인들을 위해 치유 사역을 하고, 선교사들을 상담하면서 이 사역이 너무도 절실함을 깨달았다.

이후 미국으로 건너가 10년간 풀러신학교 선교대학원에서 '영성과 성령 사역'을 전공했다. 병든 마음과 깨어진 가정이 성령의 도움으로 어떻게 치유되는가를 신학적, 영적, 심리학적으로 접근해 영성과 치유에 관해 연구했다.

그리고 '전인적이며 한국적 상황에 맞는 내적 치유'에 관한 철학박사 논문을 써서 우수 졸업 논문상을 받기도 했다. 내가 공부하던 1990년대 초반만 해도 한국에 내적 치유가 잘 알려지지 않았을 때라 미국과 한국을 40번 이상 오가며 내적 치유를 소개했다. 내적 치유는 마음의 치유이고, 한국 성도가 알아두면 영성 생활에 큰 도움이 되리라고 생각했기 때문이다.

사마리아 여인의 내적 치유

사실 내적 치유는 어렵지 않다. 예수님의 방법이 최고 모델이기에 요한복음 4장에 나오는 우물가의 여인을 치유하신 이야기를 예로 들어 보겠다.

다섯 번 이혼하고 여섯 번째 남편과도 동거 중인 한 여인이 예수님을 만나 변화한 이야기를 모르는 신자는 거의 없을 것이다. 지옥을 살던 한 여인을 예수님이 완전히 변화시키신 이야기는 내적 치유의 원리를 설명하기에 아주 좋은 사례이다.

사마리아 여자 한 사람이 물을 길으러 왔으매 예수께서 물을 좀 달라 하시니 이는 제자들이 먹을 것을 사러 그 동네에 들어갔음이러라 사마리아 여자가 이르되 당신은 유대인으로서 어찌하여 사마리아 여자인 나에게 물을 달라 하나이까 하니 이는 유대인이 사마리아인과 상종하지 아니함이러라 예수께서 대답하여 이르시되 복음서를 보면 예수님은 치유 사역을 하실 때 많은 말씀을 하지 않으셨다. 거의 한두 문장으로 끝내셨다. 하지만 이 여인을 치유하실 때는 말씀을 많이 하셨다. 내적 치유에는 충분한 대화가 필요하다. '말'을 해야 한다. 속에 담긴 말만 잘 소통해도 건강해질 수 있다. 여인에게 많은 말을 건네셨던 예수님이 그녀에게 생수를 소개하셨다.

당시 사마리아 여인이 예수님과 대화하던 우물은 가장 유명하고 맛 좋기로 소문난 야곱의 우물이었다. 하지만 예수님은 그 물을 마셔도 다시 목마를 것이라고 하셨다. 그리고 주님이 주시는 '생수'를 마시면 영원히 목마르지 않을 것이라고 말씀하셨다.

다른 종교나 의학적 치유는 마음의 위로가 전부인 경우가 많지만, 기독교의 내적 치유는 내 안에서 생수가 터져 나오게 한다. 마음의 상처를 주로 술로 달래는 한국인에게 특히 이 생수가 꼭 필요하다고 생각한다.

한국인의 술 소비량은 세계 평균보다 2배 정도 높다고 한다.

2023년 기준으로 소주는 1년에 약 23억 병이 출고되고, 맥주는 33억 병이라고 한다. 술 소비량은 점차 줄고 있지만, 아직도 꽤 높은 수준이다.

언젠가 홍정길 목사님이 이끄시는 NGO 소속 목사님, 기업인들과 평양에 다녀온 적이 있다. 3박 4일 내내 북한 공안이 우리 일행과 동행했는데, 그는 끼니마다 술을 마셨다.

마지막으로 식사하던 옥류관에서 그가 나에게도 술을 권하며 말했다.

"목사 동무, 술 한 잔 하시라요. 소주 안 마시고 무슨 재미로 살아요?"

그런데 나도 모르게 답했다.

"난 소주보다 더 좋은 게 있지."

그가 놀라면서 그게 뭐냐고 물었다. 나는 시원하게 정답을 가르쳐 주었다.

"소주보다 좋은 건 구주요, 구주!"

그러자 그는 아무 말도 하지 못했다. 맞다. 우리에게는 구주 예수님이 주시는 기쁨이 있다. 소주보다 더 황홀하게 만드는 생수의 강이 내 안에 흐른다. 하나님은 우리가 그 생수를 마시며 살기를 원하신다.

내가 북한 공안에게 소주보다 나은 구주를 소개한 것처럼 예수님도 이 여인에게 생수를 알려주셨다. 그러자 여인은 그 생수를 자기에게도 달라고 말했다(요 4:15).

여인의 말에 예수님은 돌직구를 날리신다.

"가서 네 남편을 불러오라"(요 4:16).

잠깐, 여기서 왜 남편 이야기가 나오는가? 주님의 이 놀라운 치유 방법을 이해하려면, 내적 치유의 원리를 알아야 한다.

내적 치유의 2가지 원리

내적 치유의 원리는 2단계로 나뉜다.

첫 번째 원리 : 드러냄

내 마음에 곪을 대로 곪은 상처를 다루려면, 먼저 그 상처가 드러나야 한다. 아니, 주님이 드러내신다. 마치 의사가 환부를 치료하기 위해 곪은 상처 부위를 드러내듯이 성경도 그렇게 말씀한다.

내가 이스라엘을 치료하려 할 때에 에브라임의 죄와 사마리아의 악이 드러나도다 호 7:1

제대로 치료하려면 죄와 악이 먼저 드러나야 한다. 상처도 드러나야 한다. 예수님이 여인을 치료하실 때, 감추고 싶은 여인의 비밀을 드러내셨다. 여인에게 수많은 상처를 주었을 남편들을 언급하셨다.

예수님을 믿으면서도 속이 답답하고 마음의 병이 생기는 이유는, 그때그때 드러나야 할 우리의 죄와 상처가 제대로 치유받지 못했기 때문이다.

생수를 마시기 전에 내 안의 상처부터 드러내야 한다. 그래서 주님은 생수를 어디서 찾느냐는 사마리아 여인에게 남편을 데리고 오라고 하셨다. 남편과의 상처를 해결해야 생수가 터져 나옴을 말씀하신 것이다.

하나님은 여러 형태로 상처를 드러내고 치유하신다. 기도 중에 떠오르게 하시거나 사건을 통해 생각나게도 하신다. 하나님은 막힌 원인과 부위를 아시고, 기가 막히게 드러나게 하신다. 때로는 꿈으로도 드러나게 하신다. 비슷한 사람을 통해 죄나 상처를 드러내시고, 회개케 하시며 치료도 하신다.

인천에서 집회할 때 일이다. 첫날 집회를 마치고 숙소에 들어와 쉬는데, 한 통의 전화가 걸려 왔다. 집회에 참석한 한 여성도였다. 집회 때 큰 은혜를 받았다며 감사를 표했다. 그러면서 다음날은 못 갈 것 같다고 말했다.

내가 그 이유를 묻자, 내 목소리가 자기를 버리고 떠난 그놈 목소리와 똑같아서 참석을 못 하겠다고 했다. 언제 일인지 물으니 20년 전 일이었다. 그러면서 그동안 은혜를 받으려고 했지만, 늘 답답하게 살아왔다고 말했다. 그래서 내가 그 성도에게 말했다.

"집사님은 그놈 때문에 생수의 강이 막힌 것이라, 그 문제의 해결을 위해 하나님께서 그놈 목소리와 똑같은 이놈을 보내신 거예요. 집사님은 이번 집회 기간에 딴 기도하지 말고, 그놈에게 받은 상처에 대해 집중적으로 기도하세요."

그리고 집회 마지막 날, 한 여성이 나를 찾아와 환하게 웃으며 말했다.

"목사님, 제가 첫날 전화한 사람이에요. 이제 제 속이 뻥 뚫렸어요!"

이 책의 목적은 치유를 위한 말씀과 기도를 소개하는 데 있다. 나를 마음의 병에서 해방시켜 준 기도를 다시 한번 따라 해 보라.

"하나님, 죄가 있으면 떠오르게 하시고, 상처가 있으면 생각나게 해주세요."

두 번째 원리 : 치유와 은혜의 임재

하나님께서 우리를 낮게 하실 때 그분이 임하신다. 하나님은 먼저 드러내시고, 그다음에 임하신다. 의사가 암 수술을 할 때 아픈 부위를 째고 고름과 암 덩어리를 긁어낸 후에 필요한 조치를 하듯이 말이다.

> 오라 우리가 여호와께로 돌아가자 여호와께서 우리를 찢으셨으나 도로 낫게 하실 것이요 우리를 치셨으나 싸매어 주실 것임이라 여호와께서 이틀 후에 우리를 살리시며 셋째 날에 우리를 일으키시리니 우리가 그의 앞에서 살리라 그러므로 우리가 여호와를 알자 힘써 여호와를 알자 그의 나타나심은 새벽빛같이 어김없나니 비와 같이, 땅을 적시는 늦은 비와 같이 우리에게 임하시리라 하니라 호 6:1-3

내적 치유는 주로 주님의 말씀이 임할 때 일어난다. 말씀은 하나님이시고, 하나님이 곧 말씀이기 때문이다(요 1:1). 그래서 설교를 듣다가 또는 기도 중에 생각나는 말씀이나 내 속에서 들려오는 내적 음성으로 치유되는 경우가 많다.

'내적 치유'라는 말이 생기기도 전에 한(恨) 많은 인생을 산 선조 신앙인의 간증을 들어 보면, 한국전쟁 중 혹은 찢어지게 가

난했던 시절에 마음의 상처를 받은 경우가 많았다. 그런데 그들도 하나님께 눈물로 몸부림치며 기도하다가 주님의 음성을 듣고, 상처를 툭툭 털고 새 힘을 얻어 가정과 교회를 살렸다고 증언한다.

상처 때문에 기도하다 보면 목회자의 설교가 의사의 수술칼처럼 치유하는 경험을 하기도 한다. 때로는 혼자 성경을 읽다가 말씀이 살아 움직이면서 꿀송이처럼 들어와 마음이 치유되는 경험을 하기도 한다.

내게 상담을 요청한 어느 집사님 이야기이다. 교회에서 곧 장로 직분을 받는데, 하나님을 별로 좋아하지 않는 자신이 괴로워 찾아왔다고 했다. 나는 고민이 되었다.

'나보다 나이도 훨씬 많은데, 내가 어떻게 치유하지?'

그래서 드러내는 기도를 소개하고 같이 기도했다.

"하나님 아버지, 아픈 기억이 있으면 기억나게 하십시오. 어렸을 때 기억이든, 최근의 상처든, 오늘의 기도든. 부모에게서 혹은 학교나 교회에서 받은 상처가 있다면 생각나게 하십시오."

그가 기도를 몇 번 하더니 고등학교 때 기억이 떠오른다고 말했다. 어릴 적 시골에서 장마철에 강을 건너다 급류에 쓸려 내려가는 장면이었다. 급박한 상황에서 하나님께 살려달라고 기도하며 내심 홍해가 갈라지는 기적을 기대했는데, 그런 일은 일어나지 않고 눈을 떠보니 병원이었다고 한다. 그때부터 왠지 하나님께 섭섭한 마음이 들었다는 것이다.

주님만이 그 섭섭함을 다루실 수 있었다. 그에게 하나님의 음성을 들어 본 적이 있느냐고 물으니 출석하는 교회에서 '이제 직통 계시는 없다'라고 가르쳐서 한 번도 들어 본 적이 없다고 말했다.

"그러면 한번 들어 보시겠어요?"

"어떻게 하면 되나요?"

"혹시 용각산(약 이름)을 아시나요? '용각산은 소리가 나지 않습니다'라는 광고 들어 보셨지요? 주님의 음성도 이와 같아서 내가 억지로 짜낸 생각도 아니고, 그렇다고 어디서 들은 음성도 아니지만, 기도하고 사모하다 보면 정말 내 생각으로는 할 수 없는 감동이 밀려올 때가 있어요. 그것이 주님의 음성을 듣는 첫걸음이라 할 수 있습니다."

그리고 나서 그의 손을 잡고 하나님께서 치유하시도록 기도했다. 20분쯤 지났을까. 그가 눈물을 한참 흘리다가 손수건으로 닦았다. 그리고 마음이 좀 가라앉은 후에 하나님의 음성에 대해 말했다.

'네가 떠내려갈 때 네 기도를 듣고 사람을 보내 너를 급류에

서 꺼내 병원으로 업고 가게 했다.'

어쩌면 평범할 수도 있는 하나님의 음성이 그를 치유했다. 과거의 아픔도 현재 내 안에서 역사하시는 진리의 영이신 성령의 도움으로 얼마든지 재해석할 수 있고, 진리는 우리를 상처에서 자유하게 한다.

변화된 여인, 변화될 당신

마음에 병이 들면 삶이 위축된다. 그래서 여인은 남들의 눈을 피해 사람들이 오지 않는 시간에 우물로 나왔고, 예수님을 만났다. 그리고 자신의 아프고 부끄러운 과거를 모두 아시면서도 찾아오신 분이 바로 주님이심을 깨닫는다.

'하나님의 아들이 나 같은 사람에게 찾아오시다니!'

이 놀라운 주님과의 만남은 여인의 인생을 완전히 변화시켰다. 그녀는 자신을 조롱하며 피하던 사람들로 가득한 동네 한복판으로 뛰어들어 복음을 전했다.

하나님은 사람을 변화시키신다. 다섯 번 이혼한 상처가 있는 이 여인을 치유하신 분이라면, 이 글을 읽는 누구라도 새롭게 치유하실 수 있다. 이제 당신 차례다!

Chapter 3

병든 감정

미국 유학 시절, 한 목회자 단체에서 다음과 같은 주제로 글을 써달라는 요청을 받았다.

'왜 하루 평균 2시간 이상 기도하는 한국 목사들이 불과 20분 남짓 기도하는 미국 목사들에게 가서 기도를 받는 현상이 일어나는가?'

1990년대 초부터 약 10년간, 미국 여러 지역에서 성령의 역사가 강하게 나타났다. 그때마다 한국의 목회자들이 무리 지어 부흥의 현장을 찾아가 기도를 받는 일이 지속되었다.

이 현상에 대한 분석을 요청받은 나는 '성령은 마음에 달렸다'라는 내용으로 글을 썼다. 미국에서 10년간 유학하며 목회하고, 신학교에서 강의하면서 한국교회 목회자들과 미국 목회자들의 마음 상태가 상당히 다르다는 것을 절감했기 때문이다.

성령은 마음에 달렸다

하루 20분 기도하는 미국 목사가 섬기는 교회 현장에 성령의 역사가 강하게 나타나는 이유는 무엇일까? 나는 그들의 마음이 한국 목회자들에 비해 상대적으로 편안하기 때문이라고 생각했다. 그들 사이에는 경쟁의식이 거의 없고, 서로를 세워주는 문화가 있었다. 마음에 문제가 생기면 숨기기보다 상담사의 도움을 받으며, 비교적 건강한 마음 상태를 유지했다. 그런 마음이 성령께서 역사하기에 좋은 토양이 된 것이다.

미국 교회에 성령의 부흥이 자주 일어나고, 또 미국 목회자들의 성령충만이 비교적 오래 유지되는 모습을 보며 깨달은 것이다.

반면, 한국 목회자들의 마음에는 '한'과 '화'(火)가 있다. 고교 시절 "한국인의 대표 정서가 무엇인가?"라는 문제의 답이 '한'이었다. 이 문제는 많은 한국 신학자들이 박사 논문 주제로 다룰 만큼 심각한 주제이기도 하다. 실제로 한을 풀지 못한 채 목회하는 이들이 적지 않다.

학벌의 한, 집안의 한, 성장 과정에서 쌓인 한을 안고 마음이 편치 않은 상태로 사역을 이어간다. 그래서 기도는 많이 하지만 성령의 역사가 나타나지 않거나, 가끔 성령 체험은 하지만 오래 지속되지 않는 경우가 많은 것 같다.

이런 마음의 문제가 해결되지 않은 채 사역을 하면 성령의 역사를 제한하게 된다. 그 결과, 목회자 간의 연합 또한 매우 어려워진다. 한국교회 목회자들은 무엇보다 마음의 문제를 빨리 해결해야 한다.

특히 화의 문제는 세계적인 정신의학사전인 《DSM》에도 '화병'(Hwa-byung)으로 등재될 만큼 한국인에게 깊은 정서적 질병이다. 목회자든 성도든 성령의 충만함을 누리기 위해서는 이 화를 직면하고 다룰 수 있어야 한다.

성령과 화

그리스도인이 반드시 배워야 할 것 가운데 하나는 분노의 감정을 다루는 법이다. 인간인 이상 화가 나지 않을 수는 없지만, 분노를 잘못 다스리면 인생 전체를 무너뜨릴 수도 있다. 그럼에도 많은 성도가 화를 어떻게 다뤄야 하는지 배우지 못한 채, 서툴고 위험한 방식으로 분노를 표출하는 모습을 본다. 거친 욕설을 내뱉고, 문을 쾅 닫고, 물건을 마구 집어 던지기도 한다. 심지어 몸싸움으로까지 번지기도 한다. 그 결과, 교회 안에서 고소 고발로 이어지기도 한다.

화가 나는 것 자체가 죄는 아니다. 그러나 그 화를 어떻게 다루느냐가 문제이다. 분노는 지혜롭게 다스려야 하고, 이를 위해서는 성령의 도우심이 필요하다. 성령의 인도하심을 받을 때 우리는 화에 끌려가는 사람이 아니라 화를 다스리는 사람이 될 수 있다.

바울의 권면

사도 바울이 에베소서 4장에서 분을 다스리는 지혜에 대해 가르쳤다.

너희는 유혹의 욕심을 따라 썩어져 가는 구습을 따르는 옛사람을 벗어 버리고 오직 너희의 심령이 새롭게 되어 하나님을 따라 의와 진리의 거룩함으로 지으심을 받은 새사람을 입으라 그런즉 거짓을 버리고 각각 그 이웃과 더불어 참된 것을 말하라 이는 우리가 서로 지체가 됨이라 **분을 내어도 죄를 짓지 말며 해가 지도록 분을 품지 말고 마귀에게 틈을 주지 말라** 엡 4:22-27

왜 바울은 해가 지도록 분을 품지 말라고 했을까?

첫째, 분노를 오래 품으면 죄를 짓기 쉽기 때문이다. 한자로 '화'는 '불 화'(火)로, 불은 초기에 잡지 않으면 금세 불길이 번지고 만다.

언젠가 부부싸움을 하고 집을 나간 남편이 분을 이기지 못해 남의 집에 불을 지르고 방화범으로 잡혔다는 뉴스를 본 적이 있다. 분노가 결국 범죄로 이어진 것이다.

"해가 지도록 분을 품지 말라"라는 말씀에 사용된 헬라어 "분"(화)은 '오르게'(ὀργή)로, 깊고 지속적인 분노를 말한다. 영어 'anger'(화)는 "목을 조르다"라는 뜻의 헬라어 '앙코'(ἄγχω)에서 나왔다.

실제로 화가 나면 멱살을 잡고 목을 움켜쥐고 싶어지며, 극단적인 경우에는 타인의 목을 조르거나 스스로 목을 매는 일까지 벌어진다. 그래서 성경은 분노를 하루 이상 품지 말라고 가르친다.

둘째, 분노를 오래 품으면 마귀의 공격에 노출되기 때문이다. 사도 바울은 "마귀에게 틈을 주지 말라"(엡 4:27)라고 경고한다. 성경에도 이런 예가 많다. 다윗으로 인해 분노에 사로잡힌 사울은 그 마음을 내려놓지 못했고, 그 결과 이튿날 악령이 강하게 임했다.

사울이 그 말에 불쾌하여 심히 노하여 이르되 다윗에게는 만만을 돌리고 내게는 천천만 돌리니 그가 더 얻을 것이 나라 말고 무엇이

새사람답게 화를 대하라

결론적으로, 화가 날 수는 있지만 되도록 빨리 해결해야 한다. 어떻게 하면 될까? 에베소서 말씀에 아주 중요한 가르침이 있다. 옛사람처럼 화내지 말고, 새사람이 된 성도로서 화를 다루라는 것이다.

화날 때 옛사람처럼, 즉 은혜받기 전 구습을 따르던 사람처럼 행동하지 말라는 것이다. 우리 대부분은 부모에게 학습되었거나 그동안 자신이 해온 방식으로 화를 낸다. 대화하다가 문을 쾅 닫아 버리거나, 전화로 다른 사람에게 상대 욕을 하는 등의 행동 말이다. 그런 방식을 버리고 주 안에서 새롭게 된 하나님의 백성답게 화를 해결하려는 마음을 먹어야 한다.

순간적으로 화가 치밀어오를 때는 어렵지만 잠시 심호흡을 하거나 그 자리를 떠나 마음을 가라앉히면서 짧은 기도를 하면 좋다.

'내가 늘 해오던 유치한 방식으로 화내지 말자. 새사람답게 한번 해보자.'

이런 마음을 갖는 게 매우 중요하다. 정확히 말하면 예수 안에서 새로운 피조물이 된 우리 속에는 새 언약의 영이신 성령이 들어와 새 마음을 주신다.

성령의 도움을 받으라

그러나 우리 자신의 힘만으로 분노를 제어하기란, 타락한 본성을 지닌 인간에게 결코 쉬운 일은 아니다. 예수 그리스도 안에서 새사람이 된 우리 안에는 새 언약의 영이신 성령님이 이미 거하고 계신다. 그분이 우리의 연약함을 도우신다(롬 8:26).

성령님은 때로는 강권적으로 역사하시고, 때로는 우리가 도움을 구할 때 응답하신다. 그러므로 분노가 치밀어오를 때, 우리는 즉시 내 안에 계신 성령님께 SOS를 보내야 한다.

'성령님, 도와주세요. 새사람답게 이 상황을 지혜롭게 풀어가게 해주세요!'

순간순간 성령을 의지하는 법을 배워야 한다. 성령께 지혜를 구할 때, 그분이 모든 것을 가르쳐주실 것이라고 성경은 약속한다(요 14:26).

나도 말씀대로 성령의 도움을 받아 차오른 분노를 순식간에 해결한 경험이 있다. 대구 교계의 중요한 집회에 초청받아 가는 길이었다. 그런데 전날 교회에서 있었던 일로 마음의 분이 풀리지 않은 상태였다. 얼굴은 굳어 있고 목소리는 착 가라앉아 있었다.

집회 장소에 다 와 가는데 걱정이 되었다. 같이 간 아내도 내 상태를 눈치챘는지 어쩔 줄 몰라 했다. 나 역시 '이런 상태로 가면 안 되겠다'라는 마음이 들었다. 하지만 어쩔 도리가 없어서 성령께 기도하기 시작했다.

'성령님, 도와주세요. 이런 상태로는 집회에 갈 수 없잖아요. 성령님, 제 마음을 좀 풀어주세요.'

잠시 후 내 속에서 감동의 소리가 들렸다.

'나는 항상 기쁘다.'

아주 짧지만 분명한 음성이었다. 이 한 문장에 깊은 깨달음이 밀려왔다.

'네 안에 있는 나는 항상 기쁜데, 너는 왜 그러고 있니?'

성령님이 내게 물으시며 선택하라고 하시는 듯했다. 계속 화를 품고 있든지 아니면 항상 기쁜 성령을 따라 기뻐하기로 선택하든지 말이다. 나는 선택했다. 내 안에 계신 성령님과 함께 기뻐하기로. 그렇게 정한 순간, 내 마음에 전혀 다른 기쁨이 밀려왔다.

단 1초 만에 내 마음이 달라졌다. 분노가 사라지고 표정이 풀어지며 밝은 목소리가 나왔다. 도착 시간이 7분밖에 남지 않았을 때였고, 아내는 이 일에 증인이 되었다. 기쁨으로 집회 장소에 도착해 밝은 모습으로 참석할 수 있었다.

내 안에 화가 생기는 건 부인할 수 없는 일이다. 그러나 그 화보다 크신 기쁨의 영, 성령님이 내주하시는 것도 확실하다. 그 성령님을 의지하고 도움을 받는 지혜가 필요하다.

화가 나더라도 구슬을 좇던 옛사람처럼 곧 후회할 방식으로 화내지 말라. 성령의 도움을 받아 새사람답게 성숙하고 지혜롭게 문제를 해결해 불덩이 같은 화에 타버리지 말고, 성령의 시원한 생수의 강이 넘치길 바란다.

지금 화가 나 있다면 잠시 책을 내려놓고 기도하면 좋겠다.
'성령님, 저를 도와주세요'라고. 그리고 자리에서 금방 일어나
지 말고 성령께서 어떻게 일하시는지 잠시 기다려라. 성령님이
당신을 치유하실 것이다.

Chapter 4

가정 문제

'왜 내 배에서는 생수의 강이 넘쳐나지 않는가'에 대한 답을 찾을 때, 우리가 꼭 알아야 할 기도 원리가 있다. 바로 예수님이 친히 가르쳐 주신 기도 원리이다.

진실로 너희에게 이르노니 무엇이든지 너희가 땅에서 매면 하늘에서도 매일 것이요 무엇이든지 땅에서 풀면 하늘에서도 풀리리라 진실로 다시 너희에게 이르노니 너희 중의 두 사람이 땅에서 합심하여 무엇이든지 구하면 하늘에 계신 내 아버지께서 그들을 위하여 이루게 하시리라 두세 사람이 내 이름으로 모인 곳에는 나도 그들 중에 있느니라 마 18:18-20

특히 가정 문제를 해결하는 데 이 기도 원리가 중요하다. 성령님과 친밀함을 경험하며 살아가려면 가정의 치유가 필요하다. 가정에서의 관계가 친밀함이 아니라 적대감이 되면, 보이지 않는 성령과의 관계가 더욱 어려워진다.

이 기도 원리를 설명하고, 우리 가정이 이 기도를 통해 어떻게 치유되고 성령님과 관계가 더 깊어졌는지를 나누려고 한다.

땅과 하늘의 관계

성도 간 인사 중 하나가 "샬롬"인데, 20가지 이상의 뜻이 있다. 안녕, 건강, 평안의 의미가 있지만, 지금 안녕하지 않고 평화롭지 않을지라도 "하나님께서 졸지도 주무시지도 않고 끝내 너를 평안하게 하실 거야"라고 축복하는 것이 바로 샬롬이다. 또 하늘과 땅의 조화롭고 아름다운 상태를 뜻하기도 한다.

가정에도 이 샬롬이 임해야 한다. 그래야 우리의 신앙생활에 훨씬 더 생기가 돈다. 하늘과 땅의 조화, 나아가 하늘과 나 그리고 가정이 조화로운 축복을 받으라는 것이다.

진실로 너희에게 이르노니 무엇이든지 너희가 땅에서 매면 하늘에서도 매일 것이요 무엇이든지 땅에서 풀면 하늘에서도 풀리리라

마 18:18

땅에서 매면 하늘에서도 매이듯이 땅에서 풀면 하늘에서도 풀린다는 말씀이다. 에베소서 1장 10절은 "하늘에 있는 것이나 땅에 있는 것이 다 그리스도 안에서 통일되게 하려 하심이라"라고 말씀한다. 하늘에 있는 것과 우리 삶이 일치해야 한다. 만약 "지금 우리 집은 지옥인데요"라고 한다면, 그럴수록 당신의 삶이 천국의 삶과 일치해야 한다.

하늘과 땅도 연결되어 있다. 내가 땅에서 어떤 행동을 취하면 하늘에서도 무언가가 일어난다. 이것을 신학적으로 '이중 인과성'(Dual Causality)이라고 한다. 그래서 성경은 땅에서 무언가를 행하면 하늘에서 풀리는 말씀들로 가득하다.

그 후에야 비가 내리다

다윗의 시대에 해를 거듭하여 삼 년 기근이 있으므로 다윗이 여호와 앞에 간구하매 여호와께서 이르시되 이는 사울과 피를 흘린 그의 집으로 말미암음이니 그가 기브온 사람을 죽였음이니라 하시니라 삼하 21:1

다윗이 왕이 된 후 3년 기근을 겪었다. 그가 여호와 앞에 간구했을 때 기근의 이유를 알려주셨다. 이는 사울과 그의 집안이 기브온 사람을 죽였기 때문이라고 하셨다.

여호수아서 9장에 보면 기브온 족속이 목숨을 부지하려고 곰팡이가 난 떡을 만들어 여호수아와 언약을 체결한다. 기브온 족속이 영원히 이스라엘의 종이 되어 나무를 패며 물 긷는 일을 하되, 죽이지는 않겠다는 내용이었다.

그런데 다윗의 선대 왕인 사울이 계약을 깨뜨리고 기브온 사람들을 죽여버렸다. 그래서 3년 동안 그 땅에 비가 내리지 않았다. 그 이유를 하나님께서 친절하게 설명하시자, 다윗이 기브온 백성을 찾아가 말했다.

"어찌해야 너희들이 나와 이스라엘을 위해 다시 복을 빌어주겠느냐?"

그들이 이 땅에 살면서 이를 갈지 않고, 자기와 이스라엘이 잘되도록 축복하겠느냐는 것이다. 그랬더니 기브온 족속이 자기 민족을 죽인 사울의 일곱 아들을 달라고 했다. 그래서 다윗이 그대로 행하자 기브온 족속이 그들을 죽임으로 마음을 풀었다.

사울과 그의 아들 요나단의 뼈와 함께 베냐민 땅 셀라에서 그의 아버지 기스의 묘에 장사하되 모두 왕의 명령을 따라 행하니라 그 후에야 하나님이 그 땅을 위한 기도를 들으시니라 삼하 21:14

그 후에야 하나님이 그 땅을 위한 기도를 들으셨다고 하신다. 땅에서 풀리니 하늘이 열리고 3년 만에 비가 내렸다.

까만 하늘, 노란 하늘, 열린 하늘

역대하 7장 14절도 땅과 하늘의 원리를 설명한다.

내 이름으로 일컫는 내 백성이 그들의 **악한 길에서 떠나 스스로 낮추고 기도하여 내 얼굴을 찾으면** 내가 하늘에서 듣고 그들의 죄를 사하고 그들의 땅을 고칠지라

땅이 망가질 때 하나님의 이름으로 일컫는 성도가 하나님께 회개하고 겸비하여 기도하면, 하늘에서 듣고 그들의 죄를 사하고 땅을 고치신다는 말씀이다.

지금 대한민국의 상황이 어렵다. 그러나 이 나라를 고칠 사람은 정치인들이 아니다. 하나님의 이름으로 일컫는 우리가 하나님께 기도하고 회개할 때 하늘에서 들으시고 이 땅을 고쳐주실 줄 믿는다.

지금도 하늘이 깜깜한 사람이 있고, 하늘이 샛노란 사람도

있고, 하늘이 막 열려서 하나님께서 부어주신다고 느끼며 사는 사람도 있을 것이다. 성경도 하늘이 다르게 변함을 보여준다.

어떤 사람에게는 하늘이 "아름다운 보고"(寶庫), 즉 보물 창고를 열어서 때를 따라 비를 내려주신다. 그러나 정반대도 있다.

하나님이 아름다운 복을 열어서 때를 따라 비를 내려주시는 하늘 아래 사는 사람도 있고, 머리 위 하늘이 놋이 되어 비를 내리지 못하고 아래에 있는 땅은 메마른 철인 사람도 있을 것이다. 나도 돈이 너무 없어서 하나님 앞에서 3일 금식할 때 하늘의 동아줄이 묶여 있는 모습을 보고, 주님의 은혜로 그것을 푼 적이 있다.

용서, 천국의 열쇠

성경에는 땅에서 막힌 문제를 풀면 하늘에서 풀리고, 땅에서 매면 하늘에서도 매이는 이야기가 많이 나온다. 무엇을 풀고 무엇을 매는지가 나와 있다.

예를 들어, 마태복음 18장 18절 본문에 이어서 용서에 관한 이야기가 나온다. 1만 달란트 빚진 자와 100데나리온 빚진 자 이야기인데, 1만 글란트 돈을 탕감 받은 사람은 어마어마한 은혜를 입었는데도 100데나리온 빚진 자에게 돈을 갚으라고 독촉한다. 이것을 1만 달란트 탕감해 준 주인이 알고 격노한다.

여기서 "이와 같이"는 무엇을 의미하는가? 34절을 보면 용서하지 않은 자를 옥졸들에게 넘겼다고 한다. "옥졸"의 헬라어는 '고문, 고초'라는 뜻으로, 경제적 어려움도 포함한다. "용서하지 않은 너를 경제적 어려움에 처넣겠다"라는 뜻으로 해석할 수도 있다.

성경에 보면 이 땅에서 무언가를 했을 때 하늘이 열리기도 하고, 이 땅에서 주님이 기뻐하시지 않는 일을 했을 때 하늘에서 뭔가 묶이는 일이 일어난다. 그래서 이따금 당신의 하늘을 점검해야 한다. 내 하늘이 활짝 열려서 때를 따라 비가 내리는지, 아니면 동아줄처럼 꽁꽁 묶여 있는지 말이다. 특히 내가 용서하지 못하는 사람이 있는지 살펴봐야 한다.

아빠를 용서한 딸

신학대학원에 다니던 시절, 성경 공부 그룹을 인도한 적이 있다. 당시 이화여대 앞 한 의상실 디자이너가 은혜를 받아서 학생 10여 명과 함께 그 의상실에서 매주 목요일 저녁에 성경을 공부했다. 어느 저녁, '용서'를 주제로 성경 공부를 하기 전에 이런 질문을 건넸다.

"여러분, 예수 믿는 게 기쁘세요?"

그러자 다 같이 힘차게 "네"라고 대답했다. 내가 다시 진지하게 물었다.

"생각 잘하고 대답하세요. 항상 기쁘세요?"

목소리 크기가 반으로 줄었다.

"여러분, 정말 항상 기쁘세요?"

이번에는 아무도 대답을 안 했다. 그래서 왜 예수님을 믿어도 기쁨이 없는지 설명하면서 용서에 관해 이야기했다.

"누군가를 용서하지 않고 심하게 미워하면 마음에 기쁨이 없습니다. 오늘 여러분 중에 용감한 사람이 그런 마음을 나누고 그 문제를 놓고 기도합시다."

그러자 한 1학년 여학생이 손을 들었다. 평소에 말이 없고 조용한 자매였다.

"저는 아빠만 보면 몸에 벌레가 기어가는 것 같고, 더럽게 느껴져요."

그래서 무슨 일이 있었는지 물었더니, 중3 때 아버지가 외도하는 현장을 봤다고 했다. 그날 자기 안에서 뭔가가 '쿵' 했고, 그때부터 아버지를 보면 몸에 벌레가 기어가는 듯한 증상이 생겼다고 말했다.

당시 나는 경험이 없는 신학생이라 '어떻게 말해야 하나' 순간 망설였다. 상담하다가 막힐 때 제일 좋은 게 "주여" 삼창 기도였다. 그래서 다 같이 자매를 축복하자고 하며 기도하는데, 마음속에 이런 감동이 느껴졌다.

'네가 자매의 아버지 대신 용서를 빌어 주어라.'

그래서 기도가 마무리될 즈음 말했다.

"자매님, 제가 자매의 아버지라고 생각하고 말할게요. 얘야, 이 아빠를 용서해 주겠니?"

그러자 조용하던 여학생이 괴성을 지르기 시작했다.

"싫어, 안 돼! 싫어!!"

그 자매가 의상실 바닥을 떼굴떼굴 구르자 여학생들도 같이 울었다. 20분쯤 지나 조금 진정이 됐을 때, 내가 또 물었다.

"아빠를 용서해 줄래."

자매가 떨리는 목소리로 말했다.

"한번 … 노력해 볼게요."

그리고 그날 성경 공부가 끝났다. 그다음 주 목요일, 의상실 입구에서 그 자매를 만났다. 같은 교회에 다녀서 나를 "오빠"라고 부르던 자매가 반가운 얼굴로 말했다.

"오빠! 신기한 일이 일어났어요. 지난주 모임 끝나고 집에 가서 아버지를 봤는데, 더럽다는 느낌이 들지 않았어요. 그리고 아빠에게 아무 말도 안 했는데, 내게 이 옷을 사줬어요."

게다가 아버지가 자신에게 오르간도 사줬다면서 너무 신기해했다. 그날 자매가 아버지를 완벽히 용서하지는 못했지만, 용서하려고 애쓰며 땅에서 푸니까 하늘이 풀린 것이었다. 그날 나도 신이 나서 성경 공부를 인도했다.

벌써 30여 년이 지난 일이다. 그 자매는 인생이 잘 풀렸는데,

결혼을 참 잘했다. 특히 남자를 잘 만나서 아주 잘 산다. 그 자매가 바로 내 아내이다. 그녀는 나를 만나 사모가 되었다.

합심 기도의 위력

예수님은 땅에서 매인 것을 풀 수 있는 최고의 방법을 가르쳐 주신다.

어려서부터 두 사람이 합심하는 게 얼마나 어려운지 배웠다. 내가 초등학교에 다닐 때는 한 반의 인원이 70명쯤 됐다. 그리고 한 책상에 둘이 앉아 책상 한가운데 줄을 그었다. 그 줄의 의미는 "넘어오면 죽어"였다. 초·중·고 12년 동안 우리는 짝꿍과도 하나가 되지 않는 것을 경험했다. 그러다 결혼했는데, 부부가 하나 되는 건 그보다 백배, 천배는 더 어려웠다.

이 말씀에서 "합심"은 헬라어 '심포네오'(συμφωνεω, symphoneo)이고, 여기서 나온 단어가 '심포니'(symphony)이다. 심포니가 아름다운 합주회인 것처럼 남자와 여자, 아내와 남편이 함께 찬양하고 기도하면 하늘에서 다 이루어 주신다는 말씀이다.

목사님과 장로님이 심포니를 이루어 기쁨으로 합심해서 기도하면 기적이 일어난다는 것이다. 그런데 그걸 마귀가 알고 목사와 장로 사이를 이간질하고 갈라놓아서 교회를 무너뜨리는 것이다.

매일 밤 8시, 나는 아내와 합심 기도를 한다. 기도 제목이 심각하거나 아내가 기분이 상해 합심이 안 될 것 같으면 아내의 마음을 먼저 풀어주고 나서 기분 좋게 심포니를 이루어 기도한다. 그러면 웬만한 문제는 다 해결된다.

혈기 마귀야, 떠나가라!

내가 4세 때 어머니가 돌아가신 후, 6세부터 새어머니와 살았다. 힘든 어린 시절을 보낸 터라 커서 배우자 기도를 오랫동안 해왔다. 기도 제목은 딱 두 가지였다.

첫째, "경상도 여자가 아니면 됩니다"(새어머니가 경상도 사투리로 욕하며 때리는 게 너무 싫었다). 둘째, "말 없는 여자를 주십시오"(새어머니가 말이 정말 많았다). 너무 소박한 기도 아닌가!

비(非) 경상도, 말 없는 여자.

그러다 교회 성가대를 하면서 아내를 만났다. 나는 불꽃 같은 눈으로 오르간 반주자인 그녀를 오랫동안 지켜보았다. 서울 여자이고, 말이 없었다.

'아, 이렇게 얌전하고 말 없는 서울 여자면 내 앞길이 평탄하겠다.'

그런데 결혼하고 신혼여행을 다녀오니까 딴 여자가 되었다! 얼마나 혈기가 많은지, 알고 봤더니 평양이 원적(原籍)이었다. 경상도 피하려다가 평양을 만난 것이었다. 아내는 혈기 대마왕이었다.

3개월쯤 되자 내게 이상한 증상이 나타났다. 설교하는데 말을 더듬었다. 나는 놀라서 병원에 가서 의사에게 물었다.

"왜 갑자기 말더듬중이 생긴 건가요?"

"기가 막혀서 그런 겁니다."

"그러면 처방은 어떻게 됩니까?"

"그냥 팔자려니 하고 사세요."

당시 '팔자'라는 말이 내게는 '십자가'로 들렸다. 그래서 그때부터 십자가를 붙들고 살았다.

혈기 있는 사람의 특징 중 하나는 '파르르' 혈기를 부리고는 누워서 자버리는 것이다. 그러면 내성적인 나는 잠을 못 자고,

자는 아내의 등짝에다 십자가를 그리며 기도했다.

"혈기 마귀야! 떠나가라!"

정말 별짓을 다 했다. 그런데도 아내는 아무 변화가 없었다.

하나님의 손

그 상태로 스위스에 가서 사역하고, 곧이어 미국으로 유학을 떠났다. 미국에 갈 때는 둘이 너무 싸우니까 혼자 갔다. 유학 가서는 '나부터 살아야지' 하는 마음으로 영성과 치유를 공부했다. 그래서 치유 심리학으로 석박사 과정을 공부한 것이다.

그러던 어느 날, 논문을 읽다가 우리 가정과 비슷한 사례를 발견했다. 나와 우리 가정을 살릴 내용이었다. 부부가 오랫동안 갈등이 있다면 성격이 안 맞는 경우이고, 그 해결책은 십자가 앞에서 죽을 때까지 참아야 한다는 것이었다. 또 하나는 마귀가 역사하는 경우로, 이때는 부부가 힘을 합쳐서 마귀를 내쫓아야 한다고 나와 있었다.

그러면 우선 가정의 문제가 성격 차이인지, 영적 전쟁인지를 분별해야 하는데, 집안에 안 좋은 일이 대를 이어 반복되면 마귀의 역사일 수 있다고 했다.

예를 들어, 할아버지도 혈기, 나도 혈기면 혈기 마귀가 그 집에서 죽지 않고 버텨서 계속 혈기를 넣어 준다는 것이다. 할아버지도 바람둥이, 아버지도 바람둥이, 나도 바람둥이면 음란의 영이 집안에 붙어 장난을 친다는 것이었다.

그래서 집안을 살펴보고 십자가로 죽을 때까지 견뎌야 하는지, 아니면 부부가 힘을 합해 귀신을 내쫓아야 하는 영적 전쟁인지 분별하라고 했다.

나는 그 길로 아내에게 국제전화를 걸었다. 명절에 집안 사람들이 모이면 대대로 반복되는 불행이 있는지 살펴보라고 말했다. 그리고 나도 우리 집안을 살피기 시작했다.

일주일 만에 아내에게서 전화가 왔다. 아내 집안에 불행한 결혼이 많다고 했다. 지금도 이혼, 가정 폭력과 불행한 결혼 생활을 하는 가정이 많다는 것이었다. 그리고 그 뿌리가 되는 큰 사건이 있었다고 했다.

그 말을 듣는데, 마가복음 9장 29절 말씀이 떠올랐다.

"기도 외에 다른 것으로는 이런 종류가 나갈 수 없느니라."

당시 내가 가진 영어 성경에는 "금식을 수반한 기도"(prayer and fasting)라고 되어 있었다. 보통 금식기도를 3일, 7일, 21일 집중해서 하지만, 이런 뿌리 깊은 문제는 6개월에서 1년 정도 금식을 수반한 기도를 계속해야 한다.

내가 아내에게 말했다.

"여보, 이런 종류의 영적 전쟁은 기도 외에는 안 끝나. 영어 성경에 보니까 금식을 수반한 기도로 장기전을 해야 할 것 같아. 오늘이 금요일이니까 나는 금요일마다 금식하고, 토요일에 여기서 1시간 떨어진 곳에 있는 한국 기도원에 가서 부르짖을게. 당신도 그렇게 해봐."

"그럼 난 화요일에 금식하고, 토요일에 오산리 기도원에 갈게요."

그렇게 우리는 따로 또 같이 합심 기도를 시작했다.

하루 금식기도, 하루 기도원 기도를 6개월쯤 이어갔다. 금요일에 금식하고 토요일에 기도원에 가기를 반복하던 어느 날이었다. 그날은 이상하게 그 큰 기도원 대성전에 아무도 없었다. 나는 너무 힘이 들어 성전 구석 벽에 등을 대고 앉았다. 내 신세가 처량하다는 생각이 들었다. 친구들은 골프도 치러 가고, 사모와 여행도 다니는데 나는 뭔가 싶었다.

'우린 이게 뭐야. 맨날 싸우고 애들은 병들어 가고…'

너무 속이 상했다. 기도도 안 나와서 앉아서 하늘만 쳐다봤다. 그런데 갑자기 너무도 생생한 환상 중에 하늘에서 손이 하나 내려오기 시작했다. 어마어마하게 큰 손이었다. 웅장하고 힘 있고 아름다운 손이 내려오는데, 어디선가 이 상황을 해석해주듯 이런 음성이 들렸다.

‘하나님의 손이다.’

그 손이 쑥 내려오더니 갈색 마룻바닥이 갑자기 초록 잔디로 변했다. 또 음성이 들렸다.

‘네 집안이다.’

그러더니 그 손이 잔디 한 모퉁이를 두부 썰듯이 썰어 그 손 위에 올렸다. 또 음성이 들렸다.

‘네 식구 넷이다. 너와 아내, 아들과 딸.’

그리고 손이 하늘로 올라가는데, 밑에 시커먼 뿌리 수십 개가 엉켜 드러나기 시작했다.

‘이거였구나! 우리 집은 마귀의 역사였구나!’

그걸 깨닫는 순간, 하늘로 손이 올라가니까 그 뿌리들이 툭 하고 끊어졌다. 힘없이 처량하게 앉아 있던 나는 어디서 힘이 났는지 벌떡 일어나 “승리! 승리했습니다!”라고 찬양했다. 승리를 외치고 기뻐서 춤을 추었다.

그리고 정말 놀라운 일이 일어났다. 당시 아버지가 돌아가신 후 몇 년째 새어머니와 유산 문제로 갈등이 있었다. 그런데 내가 하나님의 손을 본 그다음 주에 새어머니로부터 “와서 유산을 받아 가라”라는 연락이 왔다. 그리고 내 마음에 ‘우리 가정의 지긋지긋한 싸움이 끝났구나’라는 확신이 들었다.

아내도 거의 동시에 가정 회복의 응답을 받았다. 그래서 나는 곧장 한국으로 가서 한 손에는 유산을 들고, 또 한 손에는 가족을 데리고 다시 미국으로 와서 박사 과정을 마쳤다. 그리고 목회하며 가족과도 화목하게 잘 지냈다.

하나님의 손을 본 그날이 우리 가정의 B.C.와 A.D.를 나누었다. 부끄럽지만 이런 이야기를 하는 이유는 하나님께 서원했기 때문이다. 우리 부부가 싸우고 아이들이 힘들어할 때, 하나님께 울부짖으며 기도한 적이 있다.

"하나님, 이런 불행한 목사 가정도 고치실 수 있나요? 우리 부부를 고쳐 주시면 어느 집회에 가든지 무얼 하든지 창피하지만, 이 간증은 꼭 하겠습니다."

예전 우리 부부처럼 남들이 이해하지 못하는 갈등이 있다면 '하루 금식, 하루 부르짖는 기도'를 꼭 해보길 권한다.

두세 사람의 기도

두 사람이 합심해서 기도해도 안 되는 문제가 있다면 다음 말씀을 읽어보라.

두세 사람이 내 이름으로 모인 곳에는 나도 그들 중에 있느니라

마 18:20

부부가 기도해도 안 되는 경우가 있다. 그때 두세 사람이 합심해서 기도해 보라는 말씀이다. 성경에는 두세 사람이 모여 기도할 때 큰 기적을 체험한 이야기가 많이 나온다. 그중 하나가 출애굽기 17장 모세와 아론과 훌의 기도이다.

> 모세가 손을 들건 이스라엘이 이기고 손을 내리면 아말렉이 이기더니 모세의 팔이 피곤하매 그들이 돌을 가져다가 모세의 아래에 놓아 그가 그 위에 앉게 하고 아론과 훌이 한 사람은 이쪽에서, 한 사람은 저쪽에서 모세의 손을 붙들어 올렸더니 그 손이 해가 지도록 내려오지 아니한지라 **출 17:11,12**

아말렉 전쟁 때 모세가 혼자 기도하다가 피곤해졌다. 모세 같은 대단한 선지자도 혼자 기도하는 게 역부족일 때가 있다. 그때 두 사람이 도왔는데, 둘 다 가족이었다. 아론은 형이고, 훌은 누나 미리암의 남편이었다.

가족 셋이 모이면 주로 무얼 하는가? 명절에 모여 고스톱만 치지 말고 기도해 보라. 기적이 일어난다. 크리스천 세 사람이 모이는 게 드물다. 그 기회를 놓치면 안 된다.

모세와 아론과 훌이 함께 기도하자 기적이 일어났다. 여호수아가 아말렉 전쟁에서 승리했다. 우리 삶에도 전쟁이 찾아오는데, 그 전쟁에서 혼자나 둘이면 어려울 때가 있다. 이때는 기도

의 세 겹줄이 필요하다. 가정에서 예수 믿는 세 사람이 모이는
가정 예배의 자리를 자주 만들어야 한다. 그런 가족이 없다면
교회 구역 식구나 소그룹 모임에서 기도 짝을 만들면 좋다.

기도 짝이 없다면 아론과 훌 같은 기도 짝, 다니엘의 세 친구
같은 기도 짝을 보내달라고 기도해 보라. 엄청난 기적이 일어
날 것이다. 모세와 아론과 훌이 합심해 기도할 때, 저 아래 있
는 여호수아가 승리했다.

아들에게 일어난 기적

특별히 자녀 문제가 있는 사람들이 이 원리를 알면 혼자서
헤매는 시간을 아낄 수 있다. 부모가 기도해서 해결이 안 되는
경우, 여러 사람이 함께 기도할 때 놀라운 역사가 일어나는 현
장을 자주 보았다.

내 아들의 경우가 그랬다. 16년 전, 서울에서 살다가 순복음
대구교회 청빙을 받아 대구로 오게 되었다. 대구 지역은 유난
히 텃세가 심했다. 어른들도 적응하기가 힘들었지만, 당시 중
학교 1학년이던 아들도 무척 힘들어했다. 아들이 학교에 갔는
데 아이들이 놀아주지 않았다. 하필이면 이사 간 동네가 교육

열이 강했다. 친구 하나 없이 외롭게 학교에 다니던 아들이 밤마다 내 바짓가랑이를 붙들고 울었다.

"아빠, 우리 다시 서울 가면 안 돼? 서울 가자. 난 서울이 좋단 말이야."

그렇게 1년 넘게 학교만 가면 외톨이었던 아들에게 친구들이 다가왔다. 소위 '노는 아이들'과 사귀게 된 것이다. 5대째 예수 믿는 아들이 고삐 풀린 망아지처럼 그 아이들과 어울려 다녔다. 나도 목회를 새로 시작하고 정신이 없어서 한동안 아이를 방치했다. 그러자 아들은 점점 비뚤어지더니 집에 안 들어오는 날이 많아졌고, 결국 경찰서까지 드나들게 되었다. 야단도 쳐보고, 때리기도 하고, 아이 앞에서 울어도 봤지만 아이는 점점 더 강퍅해졌다.

그래서 아이를 미국에 있는 고등학교에 보내기로 했다. 아들을 미국으로 데리고 가서 입학 절차를 마치고, 다음날이면 나는 한국으로 돌아와야 하는 마지막 밤, 갑자기 아들이 학교에 가지 않겠다고 선언했다. 아들은 학교에서 휴대전화를 못 쓰게 해서 싫다고 하더니 나를 따라 한국에 갈 거라며 성질을 부리기 시작했다. 도끼눈을 하고서는 자기 짐을 막 쌌다.

순간 하늘이 노래지는 것 같았다.

'이제 우리 아들은 한국에서도, 미국에서도 갈 데가 없겠구나. 이러다가 아주 폐인이 되겠네.'

이런 생각이 들자 마음이 너무 아팠다. 그때 내 입에서 "예배 드리자"라는 말이 툭 튀어나왔다. 마침 아들의 홈스테이를 담당할 목사님이 같이 계셨다. 목사님과 나와 아들, 이렇게 셋이 모세와 아론과 훌이 기도하듯이 예배를 드렸다. 아들은 못마땅해하며 입을 쑥 내밀었지만, 예배 자리를 떠나지는 않았다. 그래도 목사 아들이라고.

그런데 예배를 마치자 자기 가슴에 손을 올리며 "아빠, 여기가 이상해"라고 말했다. 나도 모르게 다시 "2차 예배드리자"라는 말이 나왔다.

"이번에는 너랑 나랑 둘이 드리자."

그러고는 2층 아들 방으로 가서 예배를 드렸다. 아마도 내 인생에서 가장 간절한 가정 예배였을 것이다. 하나님의 말씀을 전하고 아이를 붙들고 기도하는데 성령님이 아들에게 강하게 임하셨다. 갑자기 아들이 가슴을 쥐어뜯더니 울부짖다가 떼굴떼굴 구르며 회개하기 시작했다.

"하나님, 죄송해요. 하나님이 안 계신다고 한 것 용서해 주세요. 못된 짓 많이 한 것도 잘못했어요. 용서해 주세요. 다시는 안 그럴게요."

그 순간이 너무 아름답고 감사해서 울부짖으면서 뒹구는 아이의 모습을 휴대전화로 찍었다. 20분쯤 지나 아들이 일어났는데 완전히 딴 사람 같았다. 도끼눈이 순한 눈으로 바뀌었다.

아들은 가만히 자리에 앉더니 말했다.

"아빠, 내가 17년을 살았는데, 나 지금이 너무 행복해. 아빠 혼자 한국에 가. 내가 잘해 볼게."

결국 다음날 나 혼자 한국에 왔지만, 마음이 조마조마했다. 그런데 얼마 후, 홈스테이 목사님에게서 연락이 왔다.

"목사님, 아드님이 학교에 갈 때마다 집 지하실에서 1시간씩 기도하고 갑니다!"

할렐루야! 그 후 아들은 고등학교를 우등으로 졸업하고, 미국에서 대학에도 진학해 4년 장학생으로 졸업했다. 그리고 지금은 한국에서 신대원을 졸업하고 전도사로 멋지게 쓰임 받고 있다.

만약 아들이 성질을 내며 집에 가자고 했을 때, 나도 같이 화를 내며 "가든지 말든지 네 마음대로 해. 네 인생, 네가 알아서 해!"라고 했다면 어떻게 됐을까. 지금도 가슴이 철렁한다. 나도 모르게 예배드리자고 말했고, 하나님께서 모세와 아론과 훌이 기도했을 때 놀라운 은혜로 여호수아에게 힘을 주셨듯이 아들을 만져 주셨다.

힘든 자녀가 있다면 낙심하지 말고 합심해서 기도하길 바란다. 나는 영적 치유 전공자로서 아들에게 모든 상담 기법을 다 써보았고, 야단도 치고 때려도 봤지만 소용이 없었다. 그런데 성령님이 딱 20분 만지시니까 딴사람이 되는 걸 목격했다. 가정 안에서 이런 어려움이 해결되면 성령충만함이 쉽게 이루어지고 또 충만함을 유지하는 데 큰 도움이 된다. 모두에게 이런 은혜가 있기를 기도한다.

Chapter 5

죄의 문제

우리는 요한복음 7장 38절에 예수님이 약속하신 "나를 믿는 자는 성경에 이름과 같이 그 배에서 생수의 강이 흘러나오리라" 라는 말씀이 왜 많은 성도에게 실제로 일어나지 않는가에 관한 해답을 찾고 있다. 그 방해 요소로 마음의 상처와 병든 감정, 가정의 문제를 다루었다. 또 다른 방해물은 죄의 문제이다.

성령은 거룩한 영이기에 우리는 죄의 문제를 해결해야 한다. 죄의 문제가 해결되지 않아서 생수의 강을 경험하지 못하는 사람들이 많다. 성경은 죄가 영적인 축복을 막는다고 경고한다.

오직 너희 죄악이 너희와 너희 하나님 사이를 갈라놓았고 너희 죄가 그의 얼굴을 가리어서 너희에게서 듣지 않으시게 함이니라

사 59:2

여기서 "죄악"은 히브리어 '아본'(עָוֹן)으로, 죄로 뒤틀어진 성품적인 모습을 가리킨다.

또한 "죄"는 히브리어 '하타트'(חַטָּאת)로, 하나님과의 관계를 파괴하는 행동의 죄를 말한다. 죄는 하나님에게서 오는 영적 축복을 막아 버리기에 반드시 해결해야 한다.

그래서 예수님이 오신 것이다. 예수님은 우리를 죄에서 구원하시는 분이다(마 1:21). 예수님이 오셔서 십자가 보혈로 우리의 죄를 대속하시고, 후에 성령님을 보내주셨다. 이 순서가 중요하다. 사순절 다음에 오순절이 오는 이유이다. 성도가 성령님을 깊이 누리려면 죄의 문제부터 해결해야 한다.

하지만 너무 겁먹을 필요는 없다. 죄의 문제를 해결하러 오신 예수께서 십자가에서 맺으신 새 언약을 이해하면 된다. 성령은 새 언약의 영이다.

새 언약을 잘 이해하려면 '구약 속 신약'이라 불리는 에스겔서 36장을 알아야 한다. 새 언약에는 죄로 망가진 이스라엘이 다시 회복하기를 바라시는 하나님의 피눈물이 담겨 있다. 죄의 문제를 다루시는 하나님의 은혜도 있다.

에스겔서 36장 25-27절에는 우리를 먼저 정결하게 하시고, 성령을 우리 속에 보내 하나님의 백성답게 거룩하게 만드시려는 하나님의 회복 순서가 나와 있다. 죄로부터 정결이 선행되어야 성령의 역사를 누릴 수 있다.

이에 앞서 같은 장 3,4절에는 죄로 무너진 이스라엘을 안타까워하시는 하나님의 탄식이 나와 있다.

그러므로 너는 예언하여 이르기를 주 여호와께서 이같이 말씀하시기를 그들이 너희를 황폐하게 하고 너희 사방을 삼켜 너희가 남은 이방인의 기업이 되게 하여 사람의 말거리와 백성의 비방거리가 되게 하였도다 그러므로 이스라엘 산들아 주 여호와의 말씀을 들을지어다 산들과 멧부리들과 시내들과 골짜기들과 황폐한 사막들과 사방에 남아 있는 이방인의 노략거리와 조롱거리가 된 버린 성읍들에게 주 여호와께서 이같이 말씀하셨느니라 겔 36:3,4

백성이 말거리, 조롱거리가 되었다는 하나님의 탄식이다. 이스라엘의 전성기였던 다윗과 솔로몬 시대에는 사람들이 찾아와 조공을 바치고, 시바 여왕이 와서 부러워할 정도였다. 그러나 이제는 영적으로 위축되어 바벨론이 쳐들어오고 이스라엘 백성을 노예로 삼아 종살이시키는 상황이 되었다.

이때 가장 상처받은 분이 하나님이시다. 그래서 하나님이 탄식하시는 것이다.

혹시 큰 성공 후에 실패해 사람들의 말거리, 비방거리가 된 적이 있는가? 에스겔서 36장 후반에는 이스라엘이 에덴동산같이 회복하는 이야기가 나온다.

겔 36:35

"에덴"에는 '기쁨'이라는 의미가 있다. 하나님께서는 인간을 에덴동산에 살게 하셨다. 기쁨의 동산에서 하나님과 함께 거닐며 영적인 축복을 누리고, 땅에서 경작하는 일의 축복도 누리기를 바라셨다. 에덴에 흐르는 4개의 강처럼 세상의 넉넉함을 누리고 다스리며 번성하도록 인간을 창조하셨다. 그런데 인간이 죄를 지어 에덴의 동쪽으로 쫓겨나는 신세가 된 것이다. 이스라엘 백성도 화려했던 다윗과 솔로몬 시대의 영화가 무너지고 사람들의 말거리가 되었다. 이에 하나님께서는 에스겔서 36장을 통해 회복의 순서를 가르쳐 주신다.

새 언약

죄의 문제를 해결하려면 새 언약을 이해해야 한다. 새 언약은 동전의 양면과 같다.

첫 번째는 예수 그리스도의 보혈을 통한 죄 사함이고, 두 번째는 성령님의 도우심이다. 두 은혜를 통해 구약 성도들이 하지 못했던, 내 안에 계신 성령의 도움으로 '말씀대로 살아내며 죄를 이기는 삶'이 가능하다는 걸 보여주는 것이 새 언약이다.

맑은 물을 너희에게 뿌려서 너희로 정결하게 하되 곧 너희 모든 더러운 것에서와 모든 우상 숭배에서 너희를 정결하게 할 것이며 또 새 영(spirit)을 너희 속에 두고 새 마음을 너희에게 주되 너희 육신에서 굳은 마음을 제거하고 부드러운 마음을 줄 것이며 또 내 영(the Holy Spirit)을 너희 속에 두어 너희로 내 율례를 행하게 하리니 너희가 내 규례를 지켜 행할지라 겔 36:25-27

그때에 너희가 너희 악한 길과 너희 좋지 못한 행위를 기억하고 너희 모든 죄악과 가증한 일로 말미암아 스스로 밉게 보리라 겔 36:31

죄를 밉게 봄으로써 우리 스스로 죄를 극복하게 하시겠다는 것이 새 언약의 핵심이다. 율법을 알지만 그대로 살지 못하는 인간 속에 성령을 두어 말씀대로 살도록 도우시겠다는 약속이다. 예수님의 피로 우리 죄를 사하시고, 성령을 통해 말씀대로 살아가는 하나님의 백성이 되리라고 하신다.

> 내가 너희 조상들에게 준 땅에서 너희가 거주하면서 내 백성이 되고 나는 너희 하나님이 되리라 **겔 36:28**

성경은 하나님의 백성이 되고, 그분의 백성답게 살아가는 것이 무엇인지 가르친다. 내가 하나님의 백성답게 살면 하나님은 내 하나님이 되어주신다는 것이다.

죄에서 정결하게 되려면 회개부터 해야 한다. 입술로 죄를 고백하고 돌이킬 때 영적인 회복이 일어난다. 회개와 성령은 떼려야 뗄 수 없다. 그리고 예수님의 보혈 공로를 날마다 의지하며 살아야 한다. 그래서 교회마다 십자가가 높이 달린 것이다.

> 만일 우리가 우리 죄를 자백하면 그는 미쁘시고 의로우사 우리 죄를 사하시며 우리를 모든 불의에서 깨끗하게 하실 것이요 **요일 1:9**

> 베드로가 이르되 너희가 회개하여 각각 예수 그리스도의 이름으로 세례를 받고 죄 사함을 받으라 그리하면 성령의 선물을 받으리니 **행 2:38**

회개의 중요성

사도 요한은 그리스도인이 하나님과 빛 가운데 사귐으로 부르심을 받았다고 한다. 그리고 빛과 사귀려면 회개를 통해 우리가 죄의 어두움에서 떠나 깨끗한 빛의 자녀로 살아가야 함을 강조한다.

성령의 생수의 강을 체험하며 살고 싶다면 회개를 생활화해야 한다. 기독교인이라면 깊은 회개의 눈물을 흘리고 났을 때 영적 개운함을 느껴보았을 것이다.

그런 의미에서 영성가 앤드류 머레이의 말을 새겨들을 필요가 있다.

"성령충만을 사모하는 사람은 회개를 생활화해야 한다. 회개 없는 충만은 없다."

미국 대각성 운동을 이끈 조나단 에드워즈 역시 회개를 강조했다.

"회개는 신자가 처음 예수님을 믿을 때 한 번 하고 끝나는 것이 아니다. 은혜 안에 성숙하기 위해 날마다 새롭게 반복되는 행위이다."

그래서 예수님의 첫 번째 설교가 "회개하라 천국이 가까이 왔느니라"(마 4:17)가 아닐까. 마음의 천국, 가정의 천국, 일터와 교회의 천국을 원한다면 지금 회개하라!

아버지의 회개와 성령 체험

나는 아버지의 구원을 위해 오랫동안 기도해 왔다. 은행원이었던 아버지는, 내가 대학을 졸업하고 입사한 은행에서 계속 근무하길 원하셨다. 그런데 내가 일을 그만두고 신학교에 들어가자 나를 차갑게 대하며 좀처럼 마음을 열지 않으셨다. 내가 믿는 예수님도 완강히 거부하셨다.

그러던 어느 날, 아버지가 목이 아프니 병원에 데려가 달라고 부탁하셨다. 나는 아버지와 병원에 갔다.

의사는 아버지에게 "담배를 많이 피우셨군요. 목감기예요"라고 간단히 말했고, 아버지는 먼저 진료실 밖으로 나가셨다. 그런데 내가 보호자임을 확인하자 의사가 청천벽력 같은 말을 들려주었다. 아버지가 후두암 말기이고, 짧으면 2개월, 길면 6개월을 넘기기 어렵다고 했다.

가슴이 떨렸지만, 아버지가 걱정되어 진료실 밖으로 나갔다. 아버지는 뭔가 눈치챈 것처럼 불안에 떨고 계셨다. 나는 병원 복도에서 아버지에게 복음을 전했다.

"아버지, 천국 가고 싶으세요?"

그러자 아버지가 되물으셨다.

"내가 너무 늦었니?"

"늦은 게 아니고, 아버지 죄 때문에 천국에 못 가요. 아버지 태어나서 지금까지 죄 많이 지었잖아."

"그래, 죄 많이 지었지."

그러면서 아버지가 고개를 떨구셨다. 내가 말했다.

"그런데 아버지, 죄를 해결할 방법이 있는데 들어 보실래요? 아버지가 좋아하는 〈쿼바디스〉라는 영화 있지요? 예수님이 십자가에서 피 흘리며 돌아가신 장면, 기억하시죠? 바로 그 예수님이 십자가에서 죽으신 이유가 아버지의 죄를 용서하시기 위한 거예요. 아버지가 예수님을 믿으면 아버지의 죄가 깨끗이 용서받아요.”

가만히 듣던 아버지는 내가 하는 대로 영접 기도를 순순히 따라 하셨다. 그리고 아버지에게 “죄가 있으면 떠오르게 하시고, 상처가 있으면 생각나게 해주세요”라는 기도를 가르쳐 드렸다. 이어서 내가 말했다.

“이제 아버지는 구원받았으니 천국에 갈 수 있어요. 하지만 마음이 청결한 자가 하나님을 본다고 했으니 매일 회개 기도를 해야 해요.”

그날 이후 아버지에게 큰 변화가 일어났다. 곁에서 지켜보던 어머니가 말했다.

“네 아버지가 지은 죄가 크긴 큰가 보다. 매일 기도하고 잘못했다고 싹싹 빈다.”

나도 매일 아버지를 찾아뵈었다. 아침이면 삼각산에 올라가 아버지를 위해 기도했고, 오후에는 아버지를 찾아가 복음을 전하며 기도했다.

그러던 어느 날, 아버지가 아침 일찍 전화해서 빨리 병원으로 와달라고 하셨다. 놀라서 한달음에 달려갔더니 아버지가 상기된 얼굴로 말씀하셨다.

“내가 어제 하나님을 두 번 만났다.”

너무 기쁘기도 하고 놀랍기도 해서 자세히 말해달라고 부탁드렸다. 전날 죄가 생각나게 해달라고 기도했더니, 젊을 때 죄가 떠올라 회개하고 잠이 드셨다고 한다. 그런데 꿈에 하나님 같은 분이 나타나 아버지를 만지다가 목에 생긴 혹을 떼어가셨다는 거였다. 마침 그날이 항암 주사를 처음 맞은 날이었는데, 주사 효과인지 정말 목에 있던 혹이 깨끗이 사라진 모습이었다.

나는 아버지에게 마태복음 5장 8절 "마음이 청결한 자는 … 하나님을 볼 것임이요"라는 말씀을 나눴다. 아버지는 그때부터 병문안을 오는 사람들에게 꿈 이야기를 하며 회개 기도를 통해 하나님을 만난 간증을 나누곤 하셨다.

우리 죄를 정결하게 할 때 성령님의 놀라운 역사를 경험하게 된다. 혹시 내 아버지처럼 성령의 역사를 경험하길 원한다면 책을 내려놓고 따라 해보라.

"하나님, 제게 죄가 있다면 생각나게 해주시고, 상처가 있다면 떠오르게 해주세요."

그리고 떠오르는 죄가 있다면 회개하라. 상처가 떠오른다면 2장에서 설명한 대로 하나님께 부르짖어 기도해 보라. 분노와 미움과 쓴뿌리는 죄의 감정이고, 오래 가지고 있을수록 손해이다. 회개와 기도로 죄를 다루면 성령님과의 교제가 깊어진다.

죄 사함을 주는 예수님의 보혈 선포하기

"죄에서 자유를 얻게 함은 보혈의 능력 주의 보혈"이라는 찬
송 가사가 말해주듯이 예수님의 보혈은 우리 죄를 이기게 하는
힘이 있다. 그런데 우리는 부활절에만 십자가를 생각하고 보혈
찬양을 하며, 부활절 행사가 끝나면 잊고 사는 경향이 있다.
예수님의 보혈을 삶에서 자꾸 적용해야 한다. 어떻게 해야 보
혈을 잘 적용하는 걸까?

어떤 집사님이 이렇게 말하는 걸 들었다.

"목사님, 저는 예수님의 보혈을 잘 적용합니다. 붉은 포도주
를 사서 방마다 뿌리고 다닙니다."

물론 이건 아니다. 예수님의 보혈을 적용하는 건 보혈의 능
력을 깊이 알고, 믿음으로 선포하는 것이다.

요한계시록 12장 11절을 보자.

또 우리 형제들이 어린양의 피와 자기들이 증언하는 말씀으로써
그를 이겼으니 그들은 죽기까지 자기들의 생명을 아끼지 아니하였
도다

　어린양의 피는 2천 년 전 십자가에서 뿌려진 역사적 사살이다. 우리가 할 일은 입술로 선포하는 것이다. 그때 죄를 이기는 보혈의 능력이 내 영혼에 역사한다. 날마다 예수 보혈의 능력을 선포할 때, 죄를 이기고 마귀가 공격하는 영적 전쟁에서 이길 수 있다.

　마태복음 26장 28절도 읽고 선포해 보자.

　"이것은 죄 사함을 얻게 하려고 많은 사람을 위하여 흘리는 바 나의 피 곧 언약의 피니라."

　예수님의 피는 우리에게 죄 사함을 얻게 한다. "죄"의 헬라어 '하마르티아'(ἁμαρτία)는 화살이 과녁에서 빗나간 상태를 말한다. 반대로 '죄 사함'(εἰς ἄφεσιν ἁμαρτιῶν, apesis hamartia)은 단지 죄의 용서를 넘어 죄로 인해 빗나가고 망가진 모든 것을 제자리로 돌린다는 의미를 포함한다. 이 말씀을 풀어서 다음과 같이 매일 선포해 보라.

　"나는 예수님의 피로 죄 사함을 받았습니다. 죄로 인해 빗나간 내 영혼육과 삶이 하나님이 기뻐하시는 모습으로 교정되고 회복될 줄 믿습니다. 예수님의 피의 공로로 나는 언약 백성이 되었습니다. 내 인생과 사업과 가족은 주님의 관심사가 되었고, 여호와 라파, 여호와 이레 등 언약의 하나님께서 신실하게 언약을 지키십니다."

보혈의 말씀을 입술로 자꾸 선포해야 한다. 특히 죄를 짓고 낙심될 때 무너지지 말고 죄 사함의 보혈을 선포하고 다시 일어서야 한다. 영계가 듣고, 마귀가 듣고, 내 몸과 마음이 듣도록 선포하면 된다.

죄와 저주를 이기는 보혈의 능력을 선포하라

갈라디아서 3장 13,14절은 그리스도의 보혈의 능력을 가르친다.

그리스도께서 우리를 위하여 저주를 받은 바 되사 율법의 저주에서 우리를 속량하셨으니 기록된 바 나무에 달린 자마다 저주 아래에 있는 자라 하였음이라 이는 그리스도 예수 안에서 아브라함의 복이 이방인에게 미치게 하고 또 우리로 하여금 믿음으로 말미암아 성령의 약속을 받게 하려 함이라

다음 문장을 선포해 보라.

"예수님의 피로 인해 나는 저주가 아닌 축복을 받습니다. 저주가 아니라 범사에 복을 받을 줄 믿습니다. 예수님의 피로 성령의

여러 약속도 받을 줄 믿습니다. 성령의 권능과 은사, 인도와 교통하심을 누리게 될 줄 믿습니다."

요절한 액션 스타 이소룡을 알 것이다. 이 말씀과 보혈의 능력을 알았다면, 그는 지금 살아 있을지도 모른다. 그는 늘 "나는 저주받았어. 일찍 죽을 거야"라고 말하고 다녔다고 한다. 그리고 20대 후반부터 자기가 묻힐 무덤을 찾아다녔다. 결국 그는 32세에 뇌부종으로 죽었다. 그 아들 브랜든 리도 아버지에게 들은 말을 따라 "우리 집안은 저주받았어"라고 말하고 다녔고, 28세에 총기 사고로 단명했다.

만약 이소룡이 예수님을 영접하고 예수님의 피가 어떤 저주도 축복으로 바꾼다는 복음을 알고 선포했다면 어땠을까? 당신도 바보같이 "나는 일찍 죽을 거야"라는 멍청한 선포를 하지 말고 "예수님의 피는 저주를 축복으로 바꾼다"라고 선포하기를 바란다. 자신을 저주하는 말을 하지 말고 예수 보혈의 능력을 선포하라.

죄의 행실을 바꾸는 보혈을 선포하라

예수님의 피는 우리의 죄 된 행실도 바꾼다. 다음 말씀을 살

퍼보자.

염소와 황소의 피와 및 암송아지의 재를 부정한 자에게 뿌려 그 육체를 정결하게 하여 거룩하게 하거든 하물며 영원하신 성령으로 말미암아 흠 없는 자기를 하나님께 드린 그리스도의 피가 어찌 너희 양심을 죽은 행실에서 깨끗하게 하고 살아 계신 하나님을 섬기게 하지 못하겠느냐 히 9:13,14

너희가 알거니와 너희 조상이 물려 준 헛된 행실에서 대속함을 받은 것은 은이나 금같이 없어질 것으로 된 것이 아니요 오직 흠 없고 점 없는 어린양 같은 그리스도의 보배로운 피로 된 것이니라 벧전 1:18,19

예수님의 피는 우리에게 큰 은혜로 섬길 힘, 은혜와 은사를 주시고 부르신다. 그래서 각자 부르시고 일하는 기쁨을 누리도록 예수님의 보혈이 힘을 주신다는 것을 선포해야 한다.

"예수님의 피가 내 양심과 행실을 변화시키고 주님을 섬길 힘을 주십니다. 내 행실뿐 아니라 자녀들의 양심과 행실도 바뀔 줄 믿습니다."

성령님의 도움으로 죄를 이긴다

새 언약에 대한 에스겔서 36장 말씀은 정결에 대해 가르친 후에 성령의 은혜가 있다고 말씀한다. 성령님은 우리에게 새 마음을 주시는 영이시다. 곧 그리스도 예수님의 마음을 주신다(빌 2:5). 성령님이 주시는 이 새 마음은 내 본성과는 전혀 다른 하나님의 본성이요 제2의 본성이 된다. 성도는 거듭난 이후에 이 새로운 본성을 따라 살아야 하며, 이는 평생 배우고 누려야 할 영적 지혜이다.

우리는 예수님의 보혈을 부활절에만 찾는 것이 아니라 매일 선포해야 한다. 성령님을 매 순간 찾고 의지해야 죄를 극복할 수 있다.

동숭교회를 담임하셨던 서정오 목사님의 간증을 들었다. 그분이 전도사 시절 어느 교회 교육부서에서 첫 사역을 하셨다고 한다. 부임한 첫날 교육부 회의 시간에 한 장로님이 강단에서 막 화를 내셨는데, 뒤에 있던 자신도 그 모습을 보며 기분이 상했다고 한다.

'나는 이제 막 왔는데, 왜 욕을 들어야 하지?'

이런 마음이 속에서 올라오고, 교사들 분위기도 안 좋아서 젊은 혈기에 막 폭발할 것 같은 느낌이 들었다. 그때 장로님이

"새로 오신 전도사님, 나와서 인사하세요"라고 말했다. 그 순간, 앞으로 나가면서 짧게 기도했다.

'성령님, 도와주세요!'

그 순간 화가 쑥 내려가고 자기 인격으로 할 수 없는 말이 나왔다.

"오늘 제가 처음 와서 장로님의 고견을 잘 들었습니다. 그 말씀을 가슴에 새기고 열심히 하겠습니다."

그랬더니 자리에 있던 교사들이 "휴" 하며 안도하는 모습이 보였다. 그리고 그 교회에서 사역하는 동안 그 장로님이 목사님의 가장 큰 후원자가 되어주셨다고 한다.

"성령님, 도와주세요"라는 짧은 기도가 장로님을 원수가 아닌 후원자로 만드는 놀라운 일이 일어나게 한 것이다. 우리 마음에 여러 가지 유혹이 있을 때 그냥 가만히 있으면 안 된다. 한번 따라 해보라.

"성령님, 도와주세요."

당장 나쁜 욕구가 가라앉을 것이다. 신경질이 나거나 화가 날 때도 기도해 보라. 성령님이 당신의 성품으로는 할 수 없는 새로운 말과 마음을 갖게 하신다. 성령의 생수의 강이 배에서 넘치기를 원한다면, 회개와 십자가 보혈을 날마다 선포하라.

그리고 성령님의 도움을 순간순간 의지하라.

성령님은 우리에게 새 마음을 주신다. 거룩하게 살 마음, 용서할 마음, 죄를 이길 마음을 주신다. 그리고 결국 죄를 점점 극복하게 된다.

Chapter 6

영의 치유

"목사님, 제 남편 좀 어떻게 해주세요."

전화기 너머 다급한 목소리가 전해졌다. 평소 가깝게 지내던 권사님이었다. 그 남편은 대학병원 교수로, 덕망 있는 장로님이었다. 이야기를 들어 보니 남편 장로님이 몇 개월째 영적 슬럼프를 겪고 있었다.

늘 기도하던 사람이 기도도 안 하고 아이들에게 짜증만 내고, 퇴근하면 늘 성경을 읽었는데 말씀도 멀리하고 있다고 하셨다. 잠깐 그러고 말 줄 알았는데, 수개월 지속하니 걱정이 되어 연락하신 것이었다. 권사님은 오후 4시쯤 병원 진료가 끝나니 전화로 남편과 상담해달라고 부탁하셨다.

별문제 아닌 것처럼 들려서 가벼운 마음으로 기도했다. 그런데 갑자기 눈앞에 한 장면이 보였다. 장로님이 검은 옷을 입고 검은 가방을 끌고 서 계셨다. 심상치 않은 느낌이 들어 기도 자세를 바꾸었다. 진지하게 중보기도에 들어갔다.

'장로님에게 무슨 일이 생기려나?'

문득 걱정이 되었다. 1시간쯤 끙끙대며 기도하는데 또 다른 장면이 보였다. 이번에는 7명의 사람이 장로님과 같이 보였다. 모두 검정 양복을 입고 한 손에는 가방을 들고 있었다. 그러고는 공항에서나 볼 수 있는 큰 문으로 들어가는데, 그 문이 열리자 환한 빛이 쏟아져 들어왔다. 그리고 그들이 그 안으로 들어갔다.

성도의 3단계 삶

나는 환상을 믿지만, 철저한 분별이 필요하다는 것도 알고 있었다. 말씀으로 검증되지 않은 환상은 망상일 수 있기 때문이다. 그래서 말씀으로 풀어달라고 기도할 때, 베드로전서 2장 9절 말씀이 마음에 떠올랐다.

"왕 같은 제사장"이 언급되는 유명한 구절인 것을 알았지만, 성경을 펴서 읽었다. 그런데 익숙한 앞부분이 아니라 뒷부분 말씀이 눈에 들어왔다. 그리고 성령님이 1시간 가까이 그 말씀을 풀어주셨다.

이 구절의 앞부분은 성도의 정체성, 즉 새로운 신분에 대해 말씀한다. 우리는 택하신 족속이요, 왕 같은 제사장이요, 거룩한 나라요, 그의 소유된 백성이다. 더 설명이 필요 없다. 그러나 뒷부분은 성도의 신앙 여정을 말한다.

"어두운 데서 … 기이한 빛에 들어가게 하신 이의 아름다운 덕을 선포하게 하려 하심이라."

베드로에 따르면 성도의 삶은 3단계로 나뉜다. 어두운 기간, 기이한 빛에 들어가는 기간, 그분의 아름다운 덕을 선포하는 삶이다.

1단계 어두운 기간

성도라면 누구든지 어두운 기간을 통과한다. 존 파이퍼 목사는 "기독교는 기쁨과 환희의 종교"라고 정의했다. 맞는 말이다. 그러나 누구든 일정 기간 어두운 터널을 통과한다. 아니, 예수님 밖에 있던 자는 누구나 어둠의 나라에서 살았던 게 분명하다. 그래서 빛이신 예수께 나와도 내 삶은 여전히 어둠의 영향을 받는다. 어둠의 영에 사로잡혀 시달리는 성도가 얼마나 많은지, 목회 현장에서 늘 부딪힌다.

어두운 기질과 성품으로 빛의 자녀답게 살지 못하는 사람들도 많다. "천성은 안 바뀐다"라는 확정되지 않은 미신을 확고히 믿으면서. 하지만 성경에는 그런 말이 없다. 천성도 바뀐다. 하도 혈기가 많아서 '보아너게'(우레의 아들)라는 별명이 붙은 사도 요한을 보라(막 3:17). 훗날 '사랑의 사도'라는 전혀 다른 성품의 사람이 되지 않았는가! 예수님은 모든 어둠을 빛으로 바꾸신다.

2단계 기이한 빛에 들어감

예수님은 빛으로 오셨다. 성경은 그분을 어둠 가운데 사는 자의 삶을 밝히시는 빛으로 표현했다.

> 스불론 땅과 납달리 땅과 요단 강 저편 해변 길과 이방의 갈릴리여 흑암에 앉은 백성이 큰 빛을 보았고 사망의 땅과 그늘에 앉은 자들에게 빛이 비치었도다 하였느니라 마 4:15,16

예수님은 우리를 빛으로 인도하시기 위해 오셨다. 그것도 기이한 빛으로. "기이한"이라는 단어는 우리말로는 표현할 수 없는 많은 뜻을 담고 있다. "기이한 빛"(벧전 2:9)은 영어로는

"wonderful light"이다. 예수님이 우리에게 베푸시는 은혜는 참으로 원더풀(wonderful)하다. 그러나 이 말로도 다 담아낼 수 없는 게 하나님의 역사하심이다. 어쩌면 지구상 어떤 단어로도 다 담을 수 없을지 모른다. 그래도 성경을 기록한 헬라어가 비교적 많은 뜻을 전달해 준다. "기이한"의 헬라어는 '싸우마스톤'(θαυμαστόν)이다. 이는 '설명 불가능하고 불가사의하며 기이한 초월적 사건'을 말한다.

예수를 믿고 어느 단계에 들어가면 인간의 능력으로 상상할 수 없는 하나님의 은혜의 사건을 목도하기 시작한다. 하나님의 은혜라고밖에 설명할 길 없는 회복과 변화가 일어난다.

3단계 아름다운 덕을 선전함

교회 안에 어두움을 잘 이겨내고 기이한 빛의 삶을 사는 성도들이 있다. 그들은 자연스럽게 그 삶을 나누도록 하나님이 세우신다. 교회 구역 식구들에게 자신의 어두웠던 시절과 어둠 가운데 있던 자기 삶을 예수님이 오셔서 기이한 빛으로 이끄신 이야기를 자연스럽게 나눈다.

어두운 가운데 힘들어하는 많은 성도를 기이한 빛으로 이끄는 도구로 하나님께서 세우시는 것이다.

너희는 세상의 빛이라 산 위에 있는 동네가 숨겨지지 못할 것이요

어둠에서 기이한 빛으로의 여정

다시 그 장로님 이야기로 돌아가 보자. 내게 1시간가량 말씀을 풀어주신 주님께서 감동을 주셨다.

'이제 그의 인생을 기이한 삶으로 이끌기를 원하는데, 사단이 방해하고 있다. 그런데 본인은 모르고 있으니 일깨워 주어라.'

맞다. 귀신은 귀신같이 성도의 삶을 간파해 방해한다. 동물학자들에 의하면 사단과 가장 흡사한 성품을 가진 뱀이 구렁이라고 한다. 구렁이는 먹이를 사냥할 때 살살 다가가 몸을 콱 조여 숨통을 끊어놓고 삼킨다.

기독교인의 숨통은 '기도'이다. 장로님이 왜 기도를 쉬고 있는지 알 것 같았다. 마귀의 공격으로 기도가 식은 것이 이해되었다. 장로님에게 일어난 일이 다 이해되고, 그에게 할 말이 정리되었다.

장로님이 진료를 마치는 시간에 맞춰 전화를 걸었다. 장로님에게 내가 기도하다가 본 환상과 베드로전서 말씀을 1시간쯤 전했다. 그리고 영적 전쟁 중이니 육신을 이기고 강하게 대적 기

도할 것을 권면했다. 수화기 너머로 기쁨에 찬 장로님의 목소리
가 들려왔다.

"아, 그랬군요. 요즘 저에게 일어난 영적 현상들이 다 이해
가 되네요. 내일부터 새벽기도에 나가 다시 기도로 승리하겠
습니다."

그리고 얼마 후, 장로님으로부터 승리의 소식이 들려왔다.
영적인 삶이 회복된 이야기부터 대학병원 부원장으로 승진한
이야기까지 풍성했다. 물론 기이한 이야기는 지금도 계속되고
있다. 그 대학병원에 선교사가 세웠던 예배당을 장로님 주도로
다시 복원하게 된 이야기를 들었다. 그리고 의료 선교지에서 경
험한 놀라운 간증을 선포했다.

장로님의 이야기는 〈국민일보〉에 10주간 연재되기도 했다.
장로님 부부는 참으로 '기이한' 삶을 살고 계신다.

적절한 말씀과 기도의 중요성

이 장로님처럼 약간의 도움, 즉 적절한 말씀을 듣고 어떻게
기도해야 하는지만 알면 기이한 삶으로 쉽게 들어갈 사람들이
많다. 주님이 주신 말씀을 전하고 기도를 권면했을 때, 전화기
너머 들리던 "아! 그렇군요"라는 기쁨의 탄성이 이 책을 읽는 이

들의 입에서도 터져 나오기를 바란다.

과학이 발달하고 정신의학과 심리학이 발달해 많은 이들의 마음 문제를 해결해주는 것은 하나님의 큰 은혜이다. 그러나 '기도와 말씀'이라는 가장 강력한 치유에 대한 믿음도 필요하다. 때로 치료와 기도와 말씀을 병행할 때, 치유의 상승효과가 나타난다. 그러나 많은 성도가 기도와 말씀의 능력을 믿지 않는 것 같아 안타깝다. 이는 예수님도 예측하신 일이다.

하물며 하나님께서 그 밤낮 부르짖는 택하신 자들의 원한을 풀어 주지 아니하시겠느냐 그들에게 오래 참으시겠느냐 내가 너희에게 이르노니 속히 그 원한을 풀어 주시리라 그러나 인자가 올 때에 세상에서 믿음을 보겠느냐 하시니라 눅 18:7,8

다양한 영적 공격과 해결 방법

성도들은 다양한 영적 공격에 노출되어 있다. 그 공격의 강도 또한 매우 다양하다. 성도의 생각에 침투하는 데서 삶을 장악하는 경우까지. 영적 공격이 점점 깊어지는 과정을 사울 왕이 잘 보여준다. 마귀는 먼저 인간의 생각에 역사한다.

마귀는 자꾸 번뇌하게 만든다. 마음을 불안하게 하거나 악몽을 계속 꾸게 되는 것도 가벼운 영적 공격 중 하나이다. 가룟 유다도 그런 경우라고 할 수 있다.

이때 적절하게 조치하지 않으면, 그 공격이 점점 깊어질 수 있다. 다시 사울을 보자.

이제 악령은 사울의 혀를 장악한다. 그가 정신없이 떠들게 만든다. 개역한글 성경은 "정신없이 떠들어대므로"를 "야료(惹鬧)하는 고로"라고 번역했다. "야료"를 사전에서 찾아보면 '트집 또는 조롱'과 같다. 악한 영의 역사를 생각의 영역에서 적절

하게 다루지 못하면, 혀까지 영향을 미친다. 나아가 손과 발에
도 영향을 준다.

사울이 드디어 손을 들어 창으로 다윗을 죽이려 든다.

그가 스스로 이르기를 내가 다윗을 벽에 박으리라 하고 사울이
그 창을 던졌으나 다윗이 그의 앞에서 두 번 피하였더라 삼상 18:11

영적 문제가 점점 심각해지지만, 사울은 회개하지 않고 제대
로 된 대처를 하지 않다가 결국 심각한 영적 먹통 상태가 되고
만다.

사울이 여호와께 묻자오되 여호와께서 꿈으로도, 우림으로도, 선
지자로도 그에게 대답하지 아니하시므로 사울이 그의 신하들에게
이르되 나를 위하여 신접한 여인을 찾으라 내가 그리로 가서 그에
게 물으리라 하니 그의 신하들이 그에게 이르되 보소서 엔돌에 신
접한 여인이 있나이다 사울이 다른 옷을 입어 변장하고 두 사람
과 함께 갈새 그들이 밤에 그 여인에게 이르러서는 사울이 이르되
청하노니 나를 위하여 신접한 술법으로 내가 네게 말하는 사람을
불러 올리라 하니 삼상 28:6-8

한때 하나님께 선택받은 사울이 영적으로 완전히 파산하여

신접한 여인을 찾는 지경에 이른다. 오늘날에도 그리스도인들이 점을 치고 무당을 찾는 이유는 영적 문제가 최악에 이르렀기 때문이다.

영적 전쟁과 영적 치유

악한 영의 공격을 해결하는 방법은 쥐를 잡는 2가지 방법에 비유할 수 있다.

첫 번째는 몽둥이를 들고 있다가 쥐가 나타나면 후려치는 방법이다. 악한 영이 공격할 때마다 물리치는 방법이다. 많은 시간과 에너지가 필요하고, 쥐를 잡아도 또 다른 쥐가 나타나듯이 영적 문제가 반복될 수 있다는 단점이 있다.

두 번째 방법은 쥐가 좋아하는 음식이나 쓰레기를 제거하는 것이다. 사단이 좋아하는 어두운 생각과 죄를 회개와 대적 기도를 통해 제거해야 한다. 그러면 다시는 쥐가 찾아오지 않는 것처럼 사단도 찾아오지 않는다. 그래서 먼저 회개하는 것이 중요하다.

앞서 나눈 상처, 병든 감정, 가정의 문제와 죄의 문제를 충분히 다뤄야 한다. 그러고 나서 예수님의 이름으로 대적해야 한다. 그리스도인에게는 마귀를 제어할 권세를 주셨다. 그러므로

당황하거나 두려워하지 말고 하나님이 주신 권위와 권세로 각
한 영을 대적하라.

영적 공격에 대처하는 방법

영적으로 답답하고 눌려 있다면 이렇게 해보라.

1) 먼저 회개하라. 생각과 상상, 말과 행동으로 성령님을 근
심하게 했다면 회개해야 마음이 시원케 된다. 이 책에서 여러
번 설명한 기도를 해보라.

**"하나님, 죄가 있다면 생각나게 하시고 상처가 있다면 떠오르게
해주세요."**

2) 회개할 죄가 있다면 회개하라. 상처가 떠오르면 기도하
라. 이때는 부르짖는 기도나 토설 기도가 도움이 된다.

백성들아 시시로 그를 의지하고 그의 앞에 마음을 토하라 하나님

3) 주님이 주신 권세와 권능을 믿고 예수님의 이름으로 영적 눌림과 답답함이 떠나도록 명령하며 기도하라. 새 마음으로 회복될 때까지 반복하며 권위를 가지고 선포하라.

4) 혼자 감당하기 어렵다면 둘이 함께 대적해 보라. 믿을 만한 사람과 함께 기도할 때 웬만한 영적 문제는 다 해결된다. 많은 성도가 영적 문제가 생기면 당황하는데, 일단 해보면 의외로 쉽다.

어찌 하나가 천을 쫓으며 둘이 만을 도망하게 하였으리요 신 32:30

심각한 문제라면 교회에 중보기도를 요청하라. 교회가 괜히 있는 게 아니다. 교회가 함께 기도할 때 어떤 음부의 권세도 이길 수 있다.

문제 영역 파악하기

요즘 들어 정신적 문제를 호소하는 성도가 많아졌다. 그들이 힘들어하는 영적 문제는 정서적 문제, 정신적 문제, 악한 영이 공격하는 문제로 나눌 수 있다. 성도에게 적절한 도움을 주려면 이 세 가지의 차이점을 알아야 한다.

정서적 문제는 상처와 일시적인 충격 등으로 마음에 생긴 병이다. 따라서 적절한 상담과 대화, 돌봄을 통해 얼마든지 해결할 수 있다. 시간이 걸리기도 하지만, 이것은 목회자나 상담가의 영역이라고 할 수 있다.

정신적 문제는 상당히 복잡한 문제로 약물이 필요할 때가 많다. 이런 성도는 자신이든 남의 문제를 돕는 사람이든 정신의학 전문가와 협업하는 게 중요하다. 교회는 영적 돌봄과 중보기도로 돕고, 의사는 적절한 약과 조언으로 정신의 문제를 해결해 주어야 영적으로 건강하게 살 수 있다.

마지막으로 귀신 들림이나 영적인 문제는 교회의 영역이고, 목회자의 영역이므로 기도와 중보기도 그리고 금식을 통해 해결해야 한다. 이런 문제를 해결해야 성령과 깊은 교제를 누리는 참된 영적인 삶으로 나아갈 수 있다.

02

영적
공사의
실재

2부에서는 성령을 가장 거스르는 방해물, 곧 '육체'에 대해 다룬다. 성령님이 내 안에서 넘쳐흐르는 삶을 가로막는 가장 큰 벽 가운데 하나가 바로 육체이다. 우리는 내 배에서 생수의 강이 흐르는 영적인 삶을 원하지만, 육체가 성령을 거스르기에 그 삶이 쉽지 않다. 그러나 성령께서는 우리의 육체를 다스리신다. 예수님을 믿으면 우리는 새로운 피조물이 되지만, 육체를 다스리는 데는 시간이 걸린다. 성도의 육신을 다스리시는 하나님의 역사 가운데 나타나는 현상과 의미를 살펴보고, 그 과정에서 성도가 어떻게 반응해야 하는지도 나누고자 한다.

Chapter 7

아브라함의 영적 공사

지금까지 성령의 은혜를 막는 방해물인 마음의 상처, 분노의 감정, 가정 문제, 죄와 영의 문제를 다루었다. 그런데 성경은 성령을 막는 가장 큰 방해물을 '육체'라고 밝힌다.

육체의 소욕은 성령을 거스르고 성령은 육체를 거스르나니 이 둘이 서로 대적함으로 너희가 원하는 것을 하지 못하게 하려 함이니라 갈 5:17

육신의 생각은 사망이요 영의 생각은 생명과 평안이니라 롬 8:6

성경에서 말하는 육체는 영의 대조적인 개념으로 '육신, 자아, 혼, 죄의 본성' 등으로 나타난다. 이들이 성령과 대적한다.

하나님께서 이런 육체를 어떻게 다루시는지 성경 인물 중 아브라함의 인생을 통해 살펴보려고 한다.

아브라함은 우리 믿음의 조상이다. 이 말은 아브라함이 우리와 같은 유형이고, 모델이라는 뜻이다. 그의 나이 75세에 하나님이 찾아오신 후, 아브라함은 마침내 주님과 동행하는 삶을 살게 된다. 어느 날, 그랄 왕 아비멜렉과 군대 장관 비골이 찾아와 그에게 고백한다.

이방인들의 눈에도 아브라함의 삶 속에 하나님의 영이 함께 하시는 모습이 보였다. 그리고 그들은 이민자인 농사꾼 아브라함에게 자신들을 해치지 말아 달라고 부탁하며 언약까지 맺고 돌아간다. 아브라함의 모습이야말로 우리가 추구하는, 배에서 생수의 강이 흘러가는 모습이다.

그러나 아브라함이 처음부터 이랬던 건 아니다. 하나님께서 오랜 기간 아브람을 아브라함으로 만드시기 위해 깨어짐의 과정을 겪게 하셨다. 그의 삶의 여정을 살펴보자.

가라: 공사의 시작

하나님께서 아브람에게 오셔서 처음 하신 말씀이다. 이 말씀 중 "가라"의 히브리어는 '레크-레카'(לֶךְ־לְךָ)인데, "네 진정한 모습을 향해 가라"로 번역할 수 있다. 하나님의 계획은 아브람을 아브라함으로 만드시는 데 있었다.

그래서 그의 나이 99세에 '존귀한 아버지'라는 뜻인 아브람(אַבְרָם)에서 '많은 민족의 아버지'라는 뜻인 아브라함(אַבְרָהָם)으로 이름을 바꿔주신다.

'숨결'을 나타내는 히브리어 알파벳 '헤'(ה)만 이름 중간에 들어간다. 이것은 아브람의 중심인 육신을 깨뜨리시고, 그 중심에 '하나님의 숨, 성령'을 넣으셔서 영적인 아브라함을 만드신 것이라고 학자들은 해석한다.

마치 부활하신 예수님이 두려워 숨은 제자들에게 "숨을 내쉬며 이르시되 성령을 받으라"(요 20:22)라고 하셨던 것처럼 말이다. 하나님께서는 한 인간을 부르셔서 영적으로 완성해 가실 때, 반드시 '깨어짐'의 과정을 겪게 하심으로 그의 육신을 처리하신다.

기근과 빼앗긴 아내

그 땅에 기근이 들었으므로 아브람이 애굽에 거류하려고 그리로
내려갔으니 이는 그 땅에 기근이 심하였음이라 그가 애굽에 가까
이 이르렀을 때에 그의 아내 사래에게 말하되 내가 알기에 그대는
아리따운 여인이라 애굽 사람이 그대를 볼 때에 이르기를 이는 그
의 아내라 하여 나는 죽이고 그대는 살리리니 창 12:10-12

하나님께서 아브람에게 오셔서 그가 축복의 근원이 되리라
고 약속하셨다. 하지만 정작 아브람을 기다린 건 심한 기근이
었다. 하나님께서 그를 다루기 시작하신 것이다.

그 결과, 애굽으로 내려온 아브람은 애굽인들이 두려워 아내
를 누이라고 속인다. 그리고 아내를 빼앗기는 웃지 못할 일이
벌어진다. 아브람은 '아내를 빼앗긴 남자'라는 오명을 쓰게 된
다. 그가 깨지고 무너져 내리기 시작한 것이다.

예수님은 제자들에게 동행의 조건으로 '자기 부인'을 말씀하
셨다.

이에 예수께서 제자들에게 이르시되 누구든지 나를 따라오려거든
자기를 부인하고 자기 십자가를 지고 나를 따를 것이니라 마 16:24

자기 육체를 의지해 애굽으로 내려가고, 자기 계산으로 아내를 누이라 부른 결과는 참담했다. 인간은 이 같은 과정을 반복하며 자기 생각과 판단을 부인하고, 자아를 깨뜨림으로써 점차 영적 깨달음에 이르게 된다.

롯과 다투고 떠남

하나님께서 아브람에게 고향과 친척과 아버지의 집을 떠나라고 하셨지만, 아브람은 친척 한 사람을 데리고 나왔다. 조카 롯을 무척 아꼈던 것 같다. 그러나 재산 문제가 불거져 이 관계도 깨지고 말았다. 하나님께서 아브람의 삶을 계속 밀어붙이셨다.

> 그러므로 아브람의 가축의 목자와 롯의 가축의 목자가 서로 다투고 또 가나안 사람과 브리스 사람도 그 땅에 거주하였는지라 아브람이 롯에게 이르되 우리는 한 친족이라 나나 너나 내 목자나 네 목자나 서로 다투게 하지 말자 창 13:7,8

C. S. 루이스는 《순전한 기독교》에서 이런 고백을 한 적이 있다. 그는 예수님을 믿으면 하나님께서 인생의 모자란 부분

을 예쁘게 손봐 주실 줄 알았다. 그러나 불도저로 밀어 버리는 것 같은 사건이 찾아왔다. 하나님께 제발 멈춰 달라고 기도했지만, 하나님은 오히려 지붕을 뜯어가셨다. 마침내 집 전체를 허무신 후, 그 자리에 아름다운 궁전을 세우시고는 하나님이 같이 살자고 들어오셨다는 것이다.

아브람의 인생 최대 실수

하나님께서 내 인생을 깨뜨리시는 이유는 우리와 동행하고 연합하기를 원하시는 그분의 손길임을 알아야 한다. 하나님은 아브람에게 마지막 한 방을 보내신다.

 창 16:15,16

아브람의 인생을 보면 사건마다 그의 나이가 기록되어 있다. 75세에 하나님이 찾아오셨고, 86세에 이스마엘을 낳았으며, 99세에 다시 하나님이 나타나 그의 이름을 바꿔주신다. 이는 아브람이 우리 믿음의 조상, 즉 성도의 유형이기 때문이다.

75세에 하나님을 만난 아브람이 11년 후, 대형 사고를 친다. 첩 하갈에게서 낳아서는 안 될 자녀 이스마엘을 낳은 것이다. 이후 성경은 아브람에 대해 13년 동안 침묵한다. 이 기간을 경성 용어로 '고립'이라고 부른다.

그 시간 속에서 아브람은 깨어진다. 상상해 보라. 마당에서 뛰노는 이스마엘을 바라보는 아브람의 마음은 어땠을까. 사라와 하갈의 마음은 또 어땠겠는가. 그의 마음은 후회와 자책으로 타들어 갔을 것이다.

그러자 13년 만에 하나님이 나타나셔서 아브람과 언약을 맺으시고 새 이름을 주신다. 아브람의 삶이 새로운 차원으로 들어가는 결정적 순간이다. 이때부터 아브람은 단순히 약속을 붙든 사람이 아니라 하나님과 동행하는 영적 인간이 된다.

깨어짐은 아프다. 그러나 그 깨어짐을 통해 하나님은 사람을 영적 존재로 빚으시고, 마침내 하나님과 동행하게 하신다.

마침내 하나님과 동행하는 아브라함

아브람이 구십구 세 때에 여호와께서 아브람에게 나타나서 그에게 이르시되 나는 전능한 하나님이라 너는 내 앞에서 **행하여** 완전

하라 창 17:1

"행하여"로 번역된 히브리어 '할락'(הלך)은 '동행'을 뜻한다. 드디어 하나님의 눈에 아브람이 그분과 동행할 수준이 된 것이다. "완전하라"로 번역된 '타밈'(תמים)은 하나님의 형상을 닮은 상태인 '온전함'을 의미하며, 이는 성도의 지향점이기도 하다.

과거의 실패에 눌려 있는 아브람에게 하나님은 나아갈 방향을 보여주셨다. 그리고 온전한 사람이 되려면 아브람이 하나님과 동행해야 한다고 가르치셨다. 인간의 힘으로는 누구도 온전함에 이르지 못한다. 오직 내 안에 계시는 예수님과 동행할 때, 우리는 온전함에 다다를 수 있다. 또한 하나님과 동행하려면 언약 관계에 들어가야 한다.

13년 만에 나타나신 하나님은 그동안 깨어져 변화된 아브라함과 언약을 맺으신다.

내가 내 언약을 나와 너 사이에 두어 너를 크게 번성하게 하리라 하시니 창 17:2

그리고 할례를 통해 언약의 표징을 그와 그의 후손에게 남기신다. 하나님과 언약을 맺은 아브라함은 언약의 은혜 안에서 새로운 인생을 살게 된다.

13년의 고립을 통해 육체의 문제가 해결되어 하나님과 동행하기 시작한 아브라함에게 하나님은 한 도시 소돔의 운명을 알려주신다. 하나님과 동행하는 아브라함이 그분의 동역자가 된 것이다. 이런 이유로 하나님은 우리를 깨뜨리신다.

창 18:17

그러자 아브라함은 소돔 땅에 의인 50명이 있다면 그곳을 멸하지 말아달라고 간주했고, 하나님은 그 제안을 받아들이신다. 아브라함이 의인 10명이 없음을 확인할 때까지 하나님과의 대화를 주도해 간다. 한 인간이 하나님과 동역하고 의논하는 존재가 된 것이다.

성경 속 첫 치유자

성경에 나오는 최초의 치유 사역자가 누군지 아는가? 바로 아브라함이다.

사라에게 이르되 내가 은 천 개를 네 오라비에게 주어서 그것으로 너와 함께한 여러 사람 앞에서 네 수치를 가리게 하였노니 네 일이 다 해결되었느니라 아브라함이 하나님께 기도하매 하나님이 아비멜렉과 그의 아내와 여종을 치료하사 출산하게 하셨으니 여호와께서 이왕에 아브라함의 아내 사라의 일로 아비멜렉의 집의 모든 태를 닫으셨음이더라 **창 20:16-18**

육체의 문제가 해결된 인간에게는 하나님의 능력이 흐른다. 그 배에서 생수의 강이 흐른다. 살리는 생수가 흐르는 사람이 되려면 아브라함처럼 고립의 기간을 통과하여 깨어지는 경험을 해야 한다. 성령은 우리를 통해 흘러가기를 원하신다. 그래서 성령의 운행을 방해하는 인간의 육체 문제를 다루신다. 그리고 마침내 믿지 않는 사람의 눈에도 보이는 삶을 살게 하신다.

하나님의 함께하심이 드러나다

그때에 아비멜렉과 그 군대 장관 비골이 아브라함에게 말하여 이르되 네가 무슨 일을 하든지 하나님이 너와 **함께 계시도다** **창 21:22**

아브라함의 삶은 자녀들에게도 흘러가, 아들 이삭도 같은 말을 들으며 살아가는 영적 가장이 된다.

그들이 이르되 **여호와께서 너와 함께 계심을** 우리가 분명히 보았으므로 우리의 사이 곧 우리와 너 사이에 맹세하여 너와 계약을 맺으리라 말하였노라 **창 26:28**

다음 장부터 성도에게 보편적으로 나타나는 하나님의 손길을 살펴보려고 한다. 그 과정에서 어떤 현상이 일어나고, 그 의미는 무엇인지, 그때 우리는 어떻게 반응해야 하는지 알아보자.

이 글을 읽는 당신 또한 언젠가 가족과 주위 사람들로부터 "너를 보니 하나님이 동행하시는 것이 분명히 보인다"라는 소리를 듣게 되기를 바란다.

Chapter 8

파상: 깨어짐

하나님께서 성도를 다루실 때 가장 많이 나타나는 현상이 파상(破傷)이다. "파상"의 히브리어는 '샤하트'(שחת)로 '상처 입다, 손상되고 망하다'라는 뜻이 있다. 개역개정 성경은 "파상하매"를 "터지매"로 옮겼다.

하나님께서 아브라함을 영적인 존재로 세우기 위해 깨뜨리신 것도 파상에 해당한다.

예레미야서 18장 토기장이 비유에 나오는 말씀이다.

내가 토기장이의 집으로 내려가서 본즉 그가 녹로로 일을 하는데 진흙으로 만든 그릇이 토기장이의 손에서 **파상하매** 그가 그것으로 자기 의견에 선한대로 다른 그릇을 만들더라 때에 여호와의 말씀이 내게 임하니라 가라사대 나 여호와가 이르노라 이스라엘 족

파상 현상

예레미야가 토기장이 집에 갔을 때, 토기장이가 그릇을 파상하는 모습을 본다. 그리고 하나님의 말씀이 임한다.

하나님께서 "이스라엘 족속아 이 토기장이가 하는 것같이 내가 능히 너희에게 행하지 못하겠느냐"라고 하신다. 그리고 이스라엘을 앗수르와 바벨론을 통해 깨뜨려 버리신다. 이스라엘은 파상하듯이 바벨론에게 끌려가 수치를 당하고 망한다.

하나님께서는 자기 백성을 사람이나 환경을 통해 깨뜨리신다. 믿음의 조상 아브라함도 기근 때문에 깨지고, 아내 때문에 깨지고, 조카 때문에 깨지고, 하갈이 낳은 이스마엘 때문에 파상했다.

그의 아들 이삭은 모리아 산에서 제물로 바쳐지면서 깨어지고, 20년간 아이가 없는 고통을 통해서도 깨어진다. 또한 두 아들 에서와 야곱이 원수 맺는 모습을 보며 깨어짐을 경험한다. 손자 야곱도 자기보다 더한 삼촌 라반을 통해 깨어진다.

라반을 피해 도망하다가 얍복강에서 울부짖는 야곱의 모습이
성경에 생생히 기록되어 있다.

> 야곱은 모태에서 그의 형의 발뒤꿈치를 잡았고 또 힘으로는 하나
> 님과 겨루되 천사와 겨루어 이기고 울며 그에게 간구하였으며 하
> 나님은 벧엘에서 그를 만나셨고 거기에서 우리에게 말씀하셨나니
>
> 호 12:3,4

요셉은 아버지 야곱 품에 안겨 자기에게만 입혀준 채색옷을
입고 편애를 받으며 자랐다. 그러나 형들의 배신으로 애굽에
팔려 가 노예 신분으로 전락한다. 게다가 주인 아내의 유혹을
뿌리친 결과, 모함을 받아 감옥에 갇히는 신세가 된다. 성경은
그 경험을 그의 혼을 깨뜨리신 과정이었다고 설명한다.

> 그가 한 사람을 앞서 보내셨음이여 요셉이 종으로 팔렸도다 그의
> 발은 차꼬를 차고 **그의 몸은 쇠사슬에 매였으니** 곧 여호와의 말
> 씀이 응할 때까지라 그의 말씀이 그를 단련하였도다 시 105:17-19

18절의 "몸"은 히브리어 '네페쉬'(נֶפֶשׁ)로, '그의 혼' 또는 '그의
영혼, 자아, 생명'에 해당한다. 그래서 "그의 몸은 쇠사슬에 매
였으니"라는 구절은 '쇠사슬이 요셉의 혼을 뚫고 들어왔으며'라

고 번역할 수 있다. 즉, 감옥 생활의 고난이 요셉의 자아(혼)를 깨뜨린 것이다.

그 결과, 어느 날 바로의 입에서 이런 말을 듣는다.

그의 조상 아브라함이 들었던 말과 똑같은 말을 요셉이 듣는다. 아브라함처럼 요셉도 깨어짐을 경험했기 때문이다.

창세기는 아브라함과 그 자손의 이야기이다. 우리 신앙생활의 모형과 같다. 아브라함이 깨어짐을 통해 하나님과 동행했듯이 그의 자손 모두 깨어짐을 통해 하나님과 동행하는 자가 되었다.

요한복음 7장 38절 말씀대로 생수의 강이 흘러넘치는 영적 인간이 된 것이다.

파상의 영적 의미

그렇다면 성도의 삶에 왜 이런 일이 일어나는가? 파상의 영적 의미는 무엇인가?

그가 그것으로 자기 의견에 좋은 대로 다른 그릇을 만들더라

렘 18:4

토기장이는 그릇을 깨뜨리고 다른 그릇을 만든다. 하나님께서는 이 비유를 통해 이스라엘을 깨뜨리시겠다는 심판의 메시지를 전하셨다. 그러나 완전히 버리지 않으시고 이스라엘을 다른 그릇으로 만들어 가겠다는 뜻을 밝히신다.

하나님께서 우리를 깨뜨리시는 이유는 다른 사람으로 빚어 내길 원하시기 때문이다. 아브람은 깨어짐을 통해 아브라함이 된다. 사람이 바뀐 것이다. 성경에 등장하는 많은 인물은 하나같이 파상을 통해 이전과는 다른 사람이 된다. 아브라함부터 야곱, 기드온, 다윗, 탕자, 심지어 바울까지 말이다. 하나님은 우리가 변화하기를 원하신다.

유대 전승에 따르면, 아브람은 어린 시절에 성격이 거칠었다고 한다. 아버지 데라가 감당하지 못해 동네 선생에게 맡겼는데, 하도 말을 안 들어 선생이 아브람을 불타는 장작더미에 던지는 일도 있었다고 한다. 이삭이 불이 활활 타는 번제단에 제물로 던져진 것처럼. 그런 그가 아브라함으로 변화되어 믿음의 조상이 된다.

마찬가지로, 야곱도 이스라엘로 바뀐다. 야곱은 '발뒤꿈치를 잡은 자'라는 이름의 뜻처럼 인간적인 꾀로 가득했지만, 20년간 자기보다 더한 삼촌 라반을 통해 깨어진 후, 이스라엘로 이름을 바꿔주신다.

이스라엘(יִשְׂרָאֵל)은 '이(יִ) +사라(שָׂרָה / שָׂרַר)+ 엘(אֵל)'의 합성어다. "이"는 접두사이고, "사라(르)"는 '다스리다' 또는 '다스리는 왕자'라는 뜻이며, "엘"은 '하나님'이다. 그래서 '하나님의 왕자', '하나님이 다스리고 통치하는 자'라는 뜻이 된다.

자기 힘으로 살아오던 야곱이 파상을 통해 하나님의 지배를 받는 자가 되고, 유대인들은 나라 이름을 '이스라엘'이라고 부른다. 세계에서 사람 이름을 딴 나라 이름은 이스라엘과 스페인 왕 필립 2세 이름에서 따온 필리핀밖에 없다.

모세도 깨어짐을 통해 전혀 다른 사람이 된다. 애굽 왕자로 자란 그는, 동포가 맞는 것을 보다가 애굽인을 죽일 정도로 강퍅했다. 그런 그가 40년 도망자 생활을 통해 '세상에서 가장 온유한 자'라는 평가를 받게 된다.

이 사람 모세는 **온유함이** 지면의 모든 사람보다 더하더라 민 12:3

"온유"로 번역된 히브리어 '아나브'(עָנָו)는 자아가 무너지고 하나님이 원하시는 대로 순종하는 상태를 말한다. 산상수훈에서 예수님이 말씀하신 "온유한 자는 복이 있나니"(마 5:5)에 나오는 "온유"(πραΰς, praus)와 같은 의미로, 이는 서커스단에 잡혀 온 호랑이나 사자 같은 거친 야생동물이 훈련을 통해 조련사의 뜻대로 움직이는 부드러운 상태가 된 것을 말한다.

즉, 파상을 통해 온유하게 된 자가 영적으로 변화되어 하나님의 영인 성령의 인도함을 잘 따를 수 있다는 것이다. 성경은 온유해진 모세가 하나님과 친밀하게 교제하는 모습을 이렇게 표현한다.

우리는 성령과 깊고도 분명한 교제를 원한다. 그런 우리를 위해 하나님은 파상을 통해 깨뜨리시고, 성령님과 깊은 교제를 할 줄 아는 성령의 사람으로 빚어 가신다.

나를 깨뜨리실 때 해야 할 일

파상의 현상과 영적 의미를 알았다면, 이제 어떻게 반응해야 할까?

첫째, 강퍅해지지 말라

예레미야서 18장 토기장이 비유에 나오는 이스라엘 백성은 하나님이 토기장이처럼 깨뜨리고 다시 만들겠다는 말을 듣고 반항한다.

> 그러나 그들이 말하기를 이는 헛되니 우리는 우리의 계획대로 행하며 우리는 **각기 악한 마음이 완악한 대로 행하리라** 하느니라
>
> 렘 18:12

이스라엘 백성은 예레미야를 통해 주신 바벨론에 항복하라는 말씀을 겸허히 받아들이지 않고 반항하다가 처참히 무너져 바벨론 노예로 끌려간다.

> 너희가 오늘 그의 음성을 듣거든 너희는 므리바에서와 같이 또 광야의 맛사에서 지냈던 날과 같이 너희 마음을 완악하게 하지 말지어다 시 95:7,8

하나님께서 걷게 하신 광야 므리바와 맛사에서 이스라엘 백성은 강퍅한 마음으로 원망하며 모세와 하나님에게 대든다. 그 결과, 젖과 꿀이 흐르는 땅에 들어가지 못하고 광야에서 그들은 40년간 맴돌다 죽고 만다.

하나님께서 광야를 통해, 사람을 통해 파상하신다고 느껴지면 강퍅해져서 싸우거나 내 힘으로 대응하려고 하면 안 된다. 그저 그 상황을 받아들여야 한다.

우리를 깨뜨리시기 위해 하나님이 가장 많이 쓰시는 방법은 가족을 사용하시는 것이다. 특히 내가 낳은 자식이 나를 힘들게 할 때가 있다. 내 힘으로 자식을 이기지 못한다. 왜냐하면 그 아이는 나를 깨뜨리기 위해 기름 부어 사용하시는 주의 도구요 주의 종이기 때문이다.

이것을 깨달으면 배우자나 자녀가 힘들게 할 때 맞서 싸울 게 아니라 "당신(네), 나를 변화시키기 위해 사역 중이구나. 수고가 많네"라고 한마디 하며 음료라도 건네 보라. 고난이 빨리 끝날 수 있다.

둘째, 받아들이고 기다려라

하나님이 나를 깨뜨리신다고 생각되면 받아들여야 한다. 고(故) 하형록 팀하스 회장이 생전에 몸이 안 좋아 병원에 갔다

고 한다. 그런데 의사가 심장 이식을 해야 산다고 해서 그날
로 병원에 입원했다.

그는 황당하고 억울해서 "하나님, 제가 왜 이런 병에 걸립니
까? 제게 이러실 수 있습니까?"라고 외쳤다. 도저히 그 상황을
받아들일 수가 없었다.

그런데 기도하다가 어린 시절의 기억이 떠올랐다. 아버지가
목회하시던 한센인 마을에서 초등학교에 다닐 때, 친한 한센인
친구가 있었다. 코와 손가락이 없는데도 늘 환한 얼굴로 씩씩
하게 사는 아이였다. 그가 신기해하며 물었다.

"넌 코도, 손가락도 없는데 왜 행복해?"

그러자 그 친구가 답했다.

"항복해서 그래. 하나님께 항복하니까 너무 편해."

그 기억이 떠오르면서, 심장 문제를 받아들이지 못하고 하나
님께 대드는 자신이 한없이 부끄러워졌다. 그래서 두 손 들고
항복하는 기도를 했더니 한없는 평안함이 찾아왔다고 한다. 이
후 심장 기증자가 나타나 수술도 잘 받고, 퇴원 후에는 하고 싶
던 사업도 시작해 새 인생을 살게 되었다고 간증했다.

혹시 도저히 이해하지 못할 문제가 생겼는데, 그것이 하나님
께서 다루시는 손길이라고 여겨진다면 받아들여 보라. 주님이
시작하신 영혼의 공사가 주님의 은혜로 잘 마무리되어 생수의
강이 흐르는 영적 존자로 변화될 것이다.

Chapter 9

적신: 벌거벗음

내가 모태에서 **적신**이 나왔사온즉 또한 적신이 그리로 돌아 가올찌라 주신 자도 여호와시요 취하신 자도 여호와시오니 여호와의 이름이 찬송을 받으실찌니이다 **욥 1:21, 개역한글**

하나님은 자기 백성이 배에서 흘러넘치는 성령을 누리며 살기를 원하신다. 그래서 영적인 삶을 사는 데 가장 걸림돌이 되는 우리의 육체를 다양한 방법으로 다루신다.

어떤 이들은 '적신'(赤身)이라는 현상을 통해 변화시키신다. 적신의 현상과 영적 의미를 살펴보고 성도가 어떻게 반응해야 하는지 나누고자 한다.

적신 현상

개역한글 성경에서 "적신"으로 번역한 히브리어 '아롬'(עָרוֹם)은 '벌거벗음, 아무것도 없음'이라는 뜻이고, 영어로는 'naked'이다. 즉, 성도가 사고, 추락, 실직과 같은 실패로 아무것도 남지 않은 상태, 벌거벗겨진 상태를 말한다. 개역개정 성경은 "알몸"으로 번역했다.

욥은 자신이 겪은 고난을 '적신'으로 표현한다. 그는 하루아침에 자녀를 잃고, 재산도 잃고, 몸에 병이 들고, 아내마저 강팍한 말을 쏟아내며 떠난 상태였다.

성도 중에 잘 다니던 회사에서 갑자기 실직하거나 사업 실패로 명함도 없이 몇 년을 보내는 이들이 있다. 또 부도를 당해 욥처럼 아무것도 남지 않은 이들도 있다. 하나밖에 없는 자녀를 먼저 하늘로 보내고 살 소망을 잃은 이들도 있다. 이런 모든 현상을 '적신'이라고 할 수 있다.

적신의 영적 의미

하나님은 왜 적신을 허락하실까? 바울은 겉사람과 속사람을 통해 이를 설명한다.

바울이 말하는 "겉사람"(ὁ ἔξω ἄνθρωπος)은 육체적 존재이며 타락한 본성의 흔적으로, 육체와 자아를 말한다. 이는 외적 환난과 핍박 중에 마모되고 부패한다. 나아가 '외모, 배경, 직책' 등을 포함한다. "저 사람이 누구 아들이래, 박사님이래, 큰 부자래"라고 말하는 것도 겉사람에 포함된다.

반면 "속사람"(ὁ ἔσω ἄνθρωπος)은 재창조된 자아로서, 성령 안에서 날마다 새롭게 되는 존재이며(엡 4:23), 영적 세계와 하나님과 교통할 수 있는 새 영을 의미한다. 속사람은 중생한 그리스도인의 참된 자아로, 성령 안에서 사는 새로운 피조물이다. 어거스틴은 "겉사람은 시간 속에서 낡아가지만, 속사람은 영원을 향해 자라간다"라고 말했다.

그러나 우리 인간은 겉사람에 속기가 쉽다. 겉사람이 그럴싸하면 속사람도 훌륭할 것이라고 착각한다. 심지어 자기 자신도 속는다.

'내가 (목사니까, 장로니까, 모태신앙이니까) 내 속사람도 괜찮을 거야.'

타인도 속고 목회자도 잘 속는다. 소위 잘나가는 사람이 교회에 왔을 때 검증도 하지 않고 주요 직분을 맡겼다가 교회에 문제가 생기곤 한다. 겉사람이 화려해도 속사람은 미성숙하기 때문이다. 그래서 하나님께서는 때로 성도의 겉사람을 확 벗기신다. 이것을 '적신'이라고 한다.

그 이유는 그의 속사람을 성장시키기 위해서다. 적신의 경험을 통해 인간은 속사람을 돌아보고, 영적 깨달음을 통해 성장한다. 그리고 때가 되면 하나님께서 성장한 속사람에 걸맞은 다른 겉사람을 입혀주신다.

요셉은 다른 형제들은 입어보지 못한 채색옷을 입고 아버지의 편애를 받으며 자랐다. 그런 요셉의 옷을 형들이 강제로 벗기고 구덩이에 던져넣었다.

요셉이 형들에게 이르매 그의 형들이 요셉의 옷 곧 그가 입은 **채색옷을 벗기고** 그를 잡아 구덩이에 던지니 그 구덩이는 빈 것이라 그 속에 물이 없었더라 창 37:23,24

그리고 애굽에 팔려가 노예의 옷을 입게 된다. 아무것도 남지 않은 적신, 벌거벗은 몸이 되었다. 성경은 아버지의 편애도, 채색옷도 없어진 요셉이 하나님과 동행하는 삶을 살았다고 기록한다(창 39:21). 하나님이 그를 벗기시고 찾아오셨다. 비로소 요셉의 속사람이 하나님과 동행하기 시작한 것이다. 하나님께서 말씀으로 요셉의 속사람을 변화시키셨다.

마침내 요셉의 속사람이 성장하자 하나님께서 그에 걸맞은 '총리'라는 겉사람을 입혀주셨다.

또한 욥은 모든 것을 잃은 후, 하나님께 자신의 억울함을 호소한다. 그는 스스로 의롭고 모범적으로 신앙생활을 해왔다고 확신했기에 "하나님이 이러시면 안 된다"라며 반항한다. 자신이 겪는 재앙을 '죗값'이라 규정하며 죄인 취급하는 친구들 앞에서도 욥은 자신의 의로움을 항변한다.

그러나 폭풍 가운데서 들려온 하나님의 위대한 음성을 듣는 순간, 욥은 자신을 지탱해오던 영적 자존심마저 벗겨졌음을 깨닫는다.

> 무지한 말로 이치를 가리는 자가 누구니이까 나는 깨닫지도 못한 일을 말하였고 스스로 알 수도 없고 헤아리기도 어려운 일을 답하였나이다 … 내가 주께 대하여 귀로 듣기만 하였사오나 이제는 눈으로 주를 뵈옵나이다 **욥 42:3,5**

마침내 욥의 속사람이 새롭게 되고 영안이 열렸다. 그러자 하나님께서 그에 걸맞은 겉사람을 입혀주셨다.

> 욥이 그의 친구들을 위하여 기도할 때 여호와께서 욥의 곤경을 돌이키시고 여호와께서 욥에게 이전 모든 소유보다 갑절이나 주신지라 **욥 42:10**

> 그 후에 욥이 백사십 년을 살며 아들과 손자 사 대를 보았고
> **욥 42:16**

히브리어 원문에는 "살며"가 '카야'(חָיָה)라는 동사로, 단순히 존재하는 '거주'가 아니라 '활력 있는 삶, 회복된 생명'임을 강조한다. 이 동사는 욥기 1장 1절의 "살다"라는 뜻의 '하

야'(יהוה)와 달라서 그가 고난 후에 새로운 영적 존재의 삶, 생명으로 사는 삶을 살았음을 보여준다. 이것이 하나님이 욥에게, 그리고 우리에게 적신의 경험을 허락하시는 뜻이다.

나를 벌거벗기실 때 해야 할 일

그러면 하나님이 나를 발가벗기시는 것 같을 때 어떻게 해야 할까?

첫째, 자신의 속사람을 들여다보라

하나님께서 겉사람을 벗기실 때는 그만한 이유가 있음을 알았다. 그것은 우리에게 속사람을 돌아보라는 신호이다.

오래전에 《제2의 출애굽》을 쓴 스티브 라이틀 목사님을 통역으로 섬긴 적이 있다. 그는 유대인으로 태어났으나 예수 그리스도를 만나 그리스도인이 되었고, 특별히 러시아를 비롯한 여러 지역에 흩어져 있던 유대인들을 다시 이스라엘 본토로 귀환시키는 사역을 감당했다. 그 일은 '제2의 출애굽 사역'이라 불리며 널리 알려졌다.

그와 교제하던 중 매우 인상 깊은 이야기를 들었다. 유대인

출신으로 어렵게 예수를 믿게 된 그는, 영적 자신감이 있었다고
한다. 그런데 어느 날 멘토였던 독일 목사님이 호텔 방으로 들
어가던 그를 붙들고 이렇게 말했다.

"오늘은 '내가 보는 내가 아니라, 하나님의 눈으로 내 영적
상태를 보게 하소서'라고 기도해 보십시오."

그는 호텔 방에 조용히 앉아 기도했다.

"하나님, 당신의 눈에 보이는 저를 보게 해주세요."

그 순간, 자신 안에 있는 악함과 추함, 죄인의 실체를 보고
정신을 잃었다고 한다. 다시 정신을 차린 후 그는 하나님 앞에
서 통회 자복하며 사흘 밤낮을 눈물로 기도했다.

얼마 후, 그의 앞에 예수님의 발이 보이며 음성이 들려왔다.

'네가 이렇게 죄인인데도 내가 너를 용서했고, 지금도 사용하
고 있다.'

그는 다시 일어나 회복했고, 하나님 앞에서 겸손히 쓰임 받
는 삶으로 돌아갔다. 하나님께서 우리를 발가벗기실 때 자신
의 영적 상태를 정직하게 들여다볼 필요가 있다.

둘째, 속사람을 단장하라

가끔 아내가 옷을 사달라고 하면, 이 말씀을 언급하며 "이거 봐, 지금 외모를 단장할 때가 아니라니까"라고 농담 섞인 핀잔을 주기도 한다.

사실 이 말씀은 매우 중요한 진리를 담고 있다. 겉사람보다 속사람을 단장하는 일은 훨씬 더 중요하다. 특히 하나님께서 우리 겉사람을 벗기실 때는, 속사람이 단정하지 않으면 안 된다. 우리는 겉사람을 관리하기 위해 헬스클럽에 가고, 건강식품을 먹고, 병원에 가는 데 시간과 돈을 아끼지 않는다. 그러나 속사람을 단장하는 일에는 얼마나 시간을 내는가. 말씀 앞에 앉는 시간, 기도하는 시간은 자꾸 뒤로 밀려난다.

그래서 하나님께서는 때로 우리 겉사람을 벗기셔서 우리를 한가하게 만드신다. 그동안 돌보지 못했던 속사람을 돌아보고, 단장하게 하시기 위함이다.

언젠가 검찰총장과 법무부 장관을 지낸 분이 쓴 간증을 읽은 적이 있다. 그는 대한민국을 떠들썩하게 했던 사건으로 감옥에 갔다. 감옥에서 맞은 첫날, 그가 회개한 고백이 깊은 울림을 주었다.

그는 새벽기도를 열심히 하며 검찰총장이 되게 해달라고 기도한 것을 회개했다. 그런 자리를 달라고 기도할 것이 아니라, 어떤 유혹이 와도 넘어지지 않을 속사람의 능력을 달라고 기도하지 못한 것을 절절히 회개했다고 한다. 그는 출소 후 가난하고 힘없는 사람들을 위해 변론하며 귀한 삶을 살고 있다.

사도 바울이 가르쳐 준 기도대로 우리는 날마다 성령의 능력으로 속사람이 강건해지기를 구해야 한다(엡 3:19,20).

셋째, 아무 옷이나 입지 말라

하나님께서 우리의 옷을 벗기실 때, 우리는 종종 속사람을 돌아보고 단장하는 일은 하지 않은 채 급한 대로 아무 옷이나 걸쳐 입는 실수를 한다. 아마도 우리 사회에 뿌리내린 체면 문화의 영향일 것이다.

요셉은 오랜 기간 노예의 옷과 죄수의 옷을 입고 살아야 했다. 그러나 그는 그 옷을 벗기 위해 도망하지 않았다. 자신의 해몽대로 복권된 술 맡은 관원이 2년이나 그를 잊었을 때도, 요셉은 감옥에서 하나님과 동행하는 삶을 멈추지 않았다.

그리고 마침내 하나님의 때가 이르자 바로의 입에서 "너처럼 하나님의 영에 충만한 자가 어디에 있느냐"라는 탄성이 터져 나온다. 결국 요셉은 국무총리가 입는 세마포 옷을 입고 애굽을 다스리는 새로운 인생을 살게 된다.

요한복음 7장 38장 말씀처럼 하나님의 영이 요셉과 함께하시는 것이 하나님을 믿지 않는 이방인 왕의 눈에도 분명히 드러난 것이다. 요셉의 옷은 하루아침에 바뀌었지만, 그 옷을 감당할 수 있는 속사람은 오랜 기간에 걸쳐 준비되었다.

그러므로 하나님께서 우리의 옷을 벗기시는 기간이 길어질 때, 명함이 오랫동안 없다고 조급해하지 말라. 그 시간은 공백이 아니라 명함 뒤 여백을 채우는 시간임을 기억하라.

Chapter 19

벽을 만나게 하심

빌리 그레이엄 목사의 사모 루스 그레이엄의 비석에는 "공사 끝"(The End of Construction)이라고 쓰여 있다고 한다. 하나님은 우리가 영의 사람이 되도록 우리 영혼의 공사를 계속하신다. 이 영혼의 공사는 한 사람의 일생을 통해 끊임없이 진행되며, 마지막 호흡과 함께 비로소 끝난다.

그 과정 중에 요한복음 7장 38절의 약속, 즉 우리 배에서 생수의 강이 흘러나오게 하기 위한 공사가 있다. 하나님은 우리 영혼에서 생수의 강의 흐름을 막는 방해물을 제거하는 공사를 서두르신다.

1부에서 다룬 상처와 감정의 문제, 영과 죄의 문제 그리고 2부에서 다루는 파상과 적신이 공사 중 일부이다. 이번에는

성도가 신앙생활 중에 만나는 높은 '벽'(壁)에 관해 알아보려고
한다.

인생의 벽

살다 보면 인생의 어느 시점에서, 자신의 영적 실력이나 인격
과 능력으로는 도저히 풀 수 없는 벽을 만나게 된다. 이때는 아
무리 몸부림쳐도 해결되지 않는다. 그것은 하나님께서 내 인생
에 허락하신 것이며, 내 힘이 아니라 오직 그분의 능력으로만
넘어설 수 있기 때문이다.

예를 들어, 어떤 사람이 돈은 많은데 가정불화를 오랫동안
해결하지 못한다면, 그것이 바로 그 사람 앞에 놓인 '벽'이다.
또 어떤 부부는 둘 사이는 좋은데 자녀 문제 앞에서 속수무책
이 되기도 한다. 이처럼 자신의 힘으로는 어찌할 수 없는 문제
들, 질병이나 인간관계, 반복되는 상황들이 모두 인생의 '벽'이
라고 할 수 있다.

다윗이 만난 벽

성경의 수많은 인물도 벽을 만났다. 다윗은 뛰어넘을 수 없는
담과 벽이 있었다. 바로 그의 장인 '사울' 왕이었다.

오랫동안 그 벽에 걸려 온갖 고초를 당한 다윗의 고백을 한 번 보자.

다윗이 표현한 대로 인생의 벽(담)은 인간이 가진 힘으로는 넘을 수 없는 '장애물, 한계, 위기'를 말한다. 그러나 하나님을 의지할 때 그 담은 막힘이 아니라 믿음으로 도약하는 기회가 된다. 그리고 우리 육신이 한없이 겸손해져 내 안의 성령님이 강하게 역사하시게 된다.

모세가 만난 벽

이스라엘 백성이 출애굽 한 후, 처음 만난 건 '홍해'라는 엄청난 벽이었다. 그들은 당황한 나머지 최악을 상상하며 "애굽에 매장지가 없어서 당신이 우리를 이끌어 내어 이 광야에서 죽게 하느냐"라는 인류 최초의 가짜 뉴스까지 만들어 애굽으로 돌아가고자 한다.

출 14:10-12

큰 벽을 만난 이스라엘 백성 앞에 선 모세는 그들에게 하나님을 의지하라고 선포한다.

당황하여 아무 말이나 내뱉던 이스라엘 자손들이 가만히 주님을 바라볼 때, 하나님의 음성이 그들이 할 일을 명확하게 알려주신다.

벽 앞에 선 이스라엘 백성이 당황하여 횡설수설할 때는 들리지 않던 하나님의 음성이 명확히 들려왔고, '홍해'라는 큰 벽을 뛰어넘을 수 있었다.

부자 관원의 벽

예수님을 찾아온 사람 중에 가장 고차원의 질문을 한 부자 관원도 벽을 만났다. 더 정확히 말하면, 그 안에 있는 인간성의 벽을 예수님이 지적하셨다.

어떤 관리가 물어 이르되 선한 선생님이여 내가 무엇을 하여야 영생을 얻으리이까 예수께서 이르시되 네가 어찌하여 나를 선하다 일컫느냐 하나님 한 분 외에는 선한 이가 없느니라 네가 계명을 아나니 간음하지 말라, 살인하지 말라, 도둑질하지 말라, 거짓 증언하지 말라, 네 부모를 공경하라 하였느니라 여짜오되 이것은 내가 어려서부터 다 지키었나이다 예수께서 이 말을 들으시고 이르시되 네게 아직도 한 가지 부족한 것이 있으니 네게 있는 것을 다 팔아 가난한 자들에게 나눠 주라 그리하면 하늘에서 네게 보화가 있으리라 그리고 와서 나를 따르라 하시니 눅 18:18-22

부자 관원은 모든 면에서 완벽해 보였다. 부자이고 관원, 곧 지금의 국회의원인 데다가 어린 시절부터 말씀을 따라 살아온 경건한 청년이었다. 그러나 완벽한 사람은 없다. 예수님은 이 자신만만한 부자의 마음에 있는 벽을 지적하셨다.

그것은 '돈'에 관한 것이었다. 예수님은 그에게 재산을 다 팔아 가난한 자들에게 나눠주라고 하셨다. 그러자 그가 심히 근심했다고 성경은 밝힌다(눅 18:23). 결국 그는 예수님을 떠나 돌아가 버렸다. 이것이 경건한 부자의 한 가지 부족한 것, 즉 그가 넘지 못하는 벽이었다.

외적으로 완벽해 보여도 사람마다 한 가지 부족한 것이 있기 마련이다. 돈에 대한 집착, 성품의 연약함, 풀리지 않는 관계, 건강과 물질의 어려움 등이 있다. 어떤 사람들에게는 한두 가지 혹은 여러 가지 부족함이 동시에 있다.

하나님은 왜 우리에게 이런 벽을 허락하실까?

벽의 의미

첫째, 의존적 존재로 변화함

인생에서 벽을 만나는 이유는 자기 자신이 아니라 하나님만 의지하며 살아가는 방식을 가르치시려는 하나님의 뜻이다. 인

간은 하나님을 의지하며 살아야 행복하도록 창조된 피조물이
다. 하나님은 아담의 죄로 하나님 없이 살게 된 인간이 벽을 만
남으로써 그분을 다시 의지하게 만드신다.

그래서 하나님의 도우심으로 스스로 뛰어넘을 수 없던 벽을
해결하고 더욱 깊은 영적 존재가 되길 원하신다. 이는 우리의
독립적 자아를 다루셔서 우리 안에 계신 성령님과 항상 깊이 교
제하며 사는 존재로 만드시기 위함이다. 우리는 살면서 여러
종류의 벽을 만나곤 한다.

영적인 사람은 도가 통한 사람이 아니고, 늘 자신이 아닌 하
나님을 의지하는 겸손한 사람이다. 바울의 고백처럼 인간은 하
나님만 의지하며 살아야 한다. 이것이 피조물로 창조된 인간의
완성된 모습이다. 하나님은 '천상천하 유아독존'으로 살던 인간
을 의존적으로 바꾸시려고 벽을 만나게 하신다.

초보 목회자 시절, 선배 목사님들이 물 한 잔을 앞에 두고도

기도하는 모습을 보면 이해가 안 됐다. 너무 지나치다는 생각이 들었다. 그래서 나는 "5천 원 이상 음식을 먹을 때만 기도합니다"라고 농담처럼 말했다.

그런데 세월이 지나 목사가 된 지 30년을 훌쩍 넘기고 보니, 물 한 잔 앞에서도 기도하는 목사가 되었다. 그 세월을 통해 물 한 잔 마시는 것도 주의 은혜임을 알았기 때문이다.

"물컵이 내 입술에 닿기 전에 많은 일이 일어날 수 있다"(There's many a slip between the cup and the lip)라는 영어 속담이 있다. 우리 인생에는 예상치 못한 수많은 일이 일어나기에 주님만 의존하며 살아야 한다는 의미이다.

둘째, 영적 도약

예수님의 은혜로 그 한 가지 벽을 넘게 되면, 영적으로 새로운 경지에 들어간다. 예를 들어, 부자 관원이 주님의 은혜로 물질에 대한 집착을 버리고 가난한 자들과 나눴다면, 그는 하늘의 보화를 누리며 사는 삶으로 성장했을 것이다. 그리고 예수님과 동행하는 제자가 되었을 것이다.

자기 힘으로는 도저히 부모를 용서하지 못하던 형제가 주님의 은혜를 의지해 용서의 벽을 넘어섰을 때 깊은 성령 체험을 하거나 오랫동안 풀지 못한 혈기의 문제를 이겨낸 성도가 새로운 영적 차원으로 들어간 사례는 셀 수 없이 많다.

사실 아내에게 장인어른은 큰 벽이었다. 폭력적인 아버지로 인해 온 가족이 오랜 시간 고통을 겪어야 했기 때문이다. 아내는 하나님의 은혜로 아버지를 어느 정도 용서했지만, 옆에서 보기에도 어색한 관계였다. 그러던 중 거동이 불편해진 장인어른이 요양원에 입원하게 되셨다.

그런데 아내가 기도하다가 주님의 은혜로 아버지의 인생을 불쌍히 여기게 되었다. 아내는 곧장 요양원을 찾아가 아버지를 꼭 안아드리며 난생처음으로 "아버지, 사랑해요"라고 말했다. 그리고 며칠 후 장인어른은 천국에 가셨다. 이후 나는 아내의 영성이 한층 깊어졌음을 분명히 느낄 수 있었다.

그러므로 벽을 만났을 때, 그것이 오히려 영적 진보를 이룰 좋은 기회임을 알고 감사하라. 벽을 뛰어넘은 성도는 반드시 영적 도약을 경험한다. 당장은 벽을 만나면 당황스럽고 어찌할 바를 모를 수 있지만, 이 과정을 통해 하나님께서 성도의 영적 성장을 친히 도우시기 때문이다.

성경의 많은 인물이 그랬다. 욥도 그중 한 사람이다. 성경에

등장하는 인물 가운데 가장 의롭고 모범적이라 할 수 있는 욥
역시 자신의 영성과 경륜으로 감당할 수 없는 벽을 만난다. 하
루아침에 재산을 잃고, 자녀를 다 잃고, 건강이 무너지고, 평판
마저 추락하는 상황 속에서 그는 깊은 혼란에 빠진다.

그를 위로하러 온 친구들조차 그 상황을 바르게 해석하지
못한 채 궤변만 늘어놓는다. 그러나 이런 당혹스러운 시간을
지난 후, 욥은 다른 차원의 놀라운 영적 존재로 거듭난다. 그
는 마침내 "내가 주께 대하여 귀로 듣기만 하였사오나 이제는
눈으로 주를 뵈옵나이다"(욥 42:5)라고 고백한다.

이 같은 예는 성경뿐 아니라 현대에서도 찾을 수 있다. 인도
에서 장애 고아를 섬기는 사역으로 노벨 평화상을 받은 테레사
수녀 역시 그렇다. 그런데 그녀가 남긴 일기장이 공개되며 논
란이 일어났다. 매우 영적인 사람으로 알려졌던 테레사 수녀가
일기장에는 하나님을 느끼지 못하는 고뇌를 기록해 두었기 때
문이다.

이를 두고 목회자와 신학자들은 "이런 형편없는 영성을 가진
수녀를 너무 과대평가한 것 아니냐"라는 비판이 거세게 일어났
다. 나 역시 한동안 떠들썩했던 그 논쟁을 보며 의아함을 느꼈
다. 그러다 글로벌 시사 주간지 〈뉴스위크〉에 실린 한 저명한
신학자의 글을 통해 생각이 정리되었다.

그는 테레사 수녀가 겪은 시간을 '정화'(purification), 곧 영혼

을 정결하게 하고 더 깊은 영적 도약을 준비하는 과정으로 설명했다. 하나님과의 평안한 교제를 누리던 그녀가 이해할 수 없는 영적 어둠 속에서 몸부림치며 하나님을 더욱 의지하게 되었고, 그 결과 더 깊은 영적 세계로 들어갔다는 것이다.

나는 이것이야말로 신자가 인생에서 맞닥뜨리는 '벽'이 지닌 영적 의미를 가장 잘 설명해 주는 해석이라고 생각한다.

벽을 만났을 때 해야 할 일

그렇다면 성도가 벽을 만났을 때 어떻게 해야 할까?

첫째, 부자 관원처럼 하지 말라

부자 관원처럼 하면 안 된다. 그는 근심하다가 포기하고 예수님을 떠났다. 등을 돌리고 돌아가는 그에게 예수님은 유명한 말씀을 남기셨다.

> 예수께서 그를 보시고 이르시되 재물이 있는 자는 하나님의 나라
> 에 들어가기가 얼마나 어려운지 낙타가 바늘귀로 들어가는 것이
> 부자가 하나님의 나라에 들어가는 것보다 쉬우니라 하시니
>
> 눅 18:24,25

이 부자는 천국에 들어갔을까? 그가 예수님을 찾아온 이유인 영생, 즉 영원한 생명을 이 땅에서 맛보며 살았을까? 아닐 것이다. 부자지만 천국과는 먼 인생을 살다가 천국에 가지 못했을지도 모른다. 이 땅에서도 그가 원하던 영생 천국을 맛보지 못했을 것이다.

그래서 한 가지 부족한 것을 만났을 때, 이 부자 관원처럼 하면 안 된다. 예수님에게 매달려 해결해야 한다. 많은 성도가 그 한 가지 부족한 것을 포기하고, 주의 은혜로 해결하려 하지 않아서 어느 선에서 멈춘, 답답한 영적 상태에 머무르고 만다.

둘째, 하나님께 의존하라

그날 밤, 이 광경을 지켜본 제자들이 예수께 나아와 "저렇게 유명하고 탁월한 부자 관원도 천국에 들어갈 수 없다면 누가 들어갈 수 있습니까?"라고 묻는다. 그때 주님은 이렇게 말씀하신다.

무릇 사람이 할 수 없는 것을 하나님은 하실 수 있느니라 눅 18:27

이 말씀이 내가 인생에서 만난 가장 큰 벽, 곧 부부 문제를 해결해 주었다. 솔직히 말해, 내게 결혼 생활은 너무도 어려웠다. 아내와 성격 차이가 컸고, 영적 공격도 거셌다.

나는 영적 치유 사역을 전공하고 가르치는 사람이었다. 그래서 내 부족함과 아내의 혈기 문제를 해결해 보겠다고 온갖 방법을 동원했다. 내가 아는 모든 영적, 심리학적 치료법을 써 보았고, 수많은 기도와 축사도 시도했다. 그러나 효과는 잠시뿐이었고, 우리는 끝없는 미궁에 빠진 것만 같았다.

그때 내게 한 가지 부족한 것이 생겼음을 깨달았다. 그러다 기도하는 것조차 지친 어느 날, 나는 이 말씀을 붙들기 시작했다. "사람은 할 수 없지만 하나님은 하실 수 있다"라는 고백에 사람 대신 내 이름을 넣어 말했다.

"하나님, 이 문제는 제힘으로 풀 수 없습니다. 미적분은 풀 수 있어도 아내와의 문제는 풀지 못하겠습니다. 이건호는 할 수 없지만, 하나님은 하실 수 있습니다."

그것은 기도라기브다 고백에 가까웠다. 아내와 다툰 후에는 나도 모르게 이 말만 나왔다. 힘들 때마다 하늘을 보며 이 말을 되뇌었다. 그렇게 1년이 넘는 시간이 흘렀다. 어느 순간, 우리 부부는 다투지 않게 되었고, 부부 사이가 놀랄 만큼 편안해졌다. 어떤 특별한 방법을 쓴 것도 아니고, 내가 이 분야 박사이기 때문도 아니었다. 탁월한 기법이나 프로그램으로 해결한 것도 아니었다.

100퍼센트 하나님이 하신 일이었다. 그래서 나는 자랑할 것이 없다. 이 문제를 해결한 지금, 아내는 나의 가장 큰 조력자가 되었다. 아내는 가장 신실한 중보자이며, 하나님께서 내게 주신 가장 귀한 배필이다.

벽을 만났는가? 그렇다면 내 힘을 내려놓고 하나님을 의지하라. 주님의 은혜가 내가 풀지 못한 벽을 해결해 주시는 경험을 하게 될 것이다. 그리고 마침내 내 배에서 생수의 강이 흘러나오는, 좀 더 수월하고 깊어진 영적 삶을 경험하게 될 것이다.

Chapter 11

영혼의 그늘

"목사님, 우리 아들만 없다면 완벽할 텐데, 아들이 옥의 티여요. 제 얼굴을 그늘지게 만들어요."

이런 탄식을 하는 성도를 종종 만난다. 오죽하면 그럴까. 살다 보면 우리 얼굴과 인생을 그늘지게 하는 일을 만날 때가 있다. 누군가에게는 자녀, 또 누군가에게는 배우자, 또 어떤 이들에게는 특별한 상황이 그렇다.

성도의 가정과 삶에서 '이것만 없으면 행복할 텐데…'라고 여기는 문제가 있다. 이런 그늘을 해결하지 못하면 이 책에서 이야기하는 생수의 강이 내 속에서 흘러나오기가 어려울 수 있다. 그래서 성도의 삶에 그늘이 존재하는 이유와 어둠을 밝히러 오신 참 빛이신 예수님의 도움으로 그늘을 제거해 나가는 문제를 다루고자 한다.

그늘 현상

우리 배에서 생수의 강이 넘치려면 우리 배, 곧 마음이 정리되어야 한다. 인생을 그늘지게 하는 문제가 해결이 안 되면 성령 충만해지기 어렵다. 그 문제와 그것을 해석하는 사고방식이 내 속에 흐르는 성령의 흐름을 막기 때문이다.

심리학자 칼 융이 '그림자'(Shadow) 개념을 말한 적이 있다. 그에게 그림자는 개인이 받아들이기 싫어하거나 무의식적으로 억압한 인격의 어두운 측면을 말한다. 즉, 남에게 보이기를 꺼리거나 자신도 인정하지 않는 감정인 욕망, 기억, 트라우마 등을 포함한다.

이 책에서 이야기하는 그늘은 칼 융의 그림자와 비슷하지만, 단순한 감정뿐 아니라 나를 그늘지게 하는 모든 사람과 상황을 포함한다. 많은 사람이 이 그림자를 피하거나 잘라버리거나 숨기려 하는데, 그건 답이 아니다. 우리 영혼에 그늘이 더 진하게 드리울 뿐이다. 오직 우리의 그늘을 제거하러 오신 예수님의 도움을 받아야 한다.

스불론 땅과 납달리 땅과 요단 강 저편 해변 길과 이방의 갈릴리여 흑암에 앉은 백성이 **큰 빛을 보았고** 사망의 땅과 그늘에 앉은 자들에게 **빛이 비치었도다** 마 4:15,16

예수님은 이스라엘에서 가장 그늘진 곳을 찾으셨다. 스불론과 납달리는 외세 침략을 많이 당했고, 혼혈아들이 많았으며, 변방이었다. 성경은 사망의 땅과 그늘에 앉은 자들에게 큰 빛을 비추셨다고 표현한다.

결혼 후, 아내가 어릴 적 내 앨범을 보다가 내 모습이 전혀 나답지 않다고 말한 적이 있다. 대학 시절 내 얼굴은 너무 어둡고 사나웠다. 당시 나를 그늘지게 하는 일이 많았다. 재혼 가정이 겪는 갈등과 정신과에 다닐 정도로 힘든 마음이 짙은 그늘을 드리웠다.

그 그늘은 내가 어떻게 해결할 수 없는 문제였다. 하나님의 은혜로 그늘을 빛으로 바꾼 지금의 환한 얼굴과 당시 내 얼굴은 너무도 대조적이다.

그늘을 주시는 이유

왜 우리 앞에 그늘이 나타나는가. 그림자의 의미를 알 때, 우리는 그 그늘에서 벗어날 수 있다.

진리를 알지니 진리가 너희를 자유롭게 하리라 **요 8:32**

이 말씀 후에 9장을 보면 날 때부터 시각 장애인인 사람이 나온다. 그 시대 사람들은 눈이 안 보이는 것을 그 부모의 죄이거나 당사자의 죄의 결과로 여겼다. 그러니 자신에게 얼마나 짙은 그늘이 드리웠겠는가! 또 그 부모에게도 말할 수 없이 짙은 그늘이 있었을 것이다. 그들은 평생 그늘 가운데 살았을지도 모른다.

그런데 그 앞에 빛이신 예수님이 나타나셨다. 예수님은 그에게 부모의 죄도, 그 자신의 죄도 아니고 하나님의 일을 나타내고자 그늘을 주셨다고 말씀하셨다.

이 사람이나 그 부모의 죄로 인한 것이 아니라 그에게서 **하나님이 하시는 일을 나타내고자 하심이라** 요 9:3

그리고 그는 바로 눈을 떠서 자유함을 누렸다. 그 문제의 의미를 깨달았기 때문이다. 우리 삶에 그늘을 주시는 뜻을 알면 자유해진다. 이 시각 장애인은 사회로부터, 심지어 제자들로부터도 그늘로 여겨졌다. 그러나 예수님은 그의 존재 자체를 재해석하심으로 그림자에 빛을 비추셨다.

칼 융은 인간이 그림자를 직면하고 수용할 때, '자기 통합'(individuation)이 이루어진다고 말했다. 영적인 차원도 마찬가지다. 예수님이 이 시각 장애인의 삶을 재해석해 주셨다.

"하나님의 일"에 해당하는 헬라어 '에르곤'(ἔργον)은 '잘 다듬어진 예술 작품'을 가리킨다. 날 때부터 시각 장애인이었던 걸인의 삶마저도 하나님의 예술 작품이 될 수 있다는 것이다. 아무리 비참한 인생도 예수님을 만나면 그의 그늘이 빛으로 변한다.

어두운색도 쓰시는 하나님

아주 오래전에 읽은 어느 대학 교수의 간증이다. 그는 일찍이 화가로 성공했고, 국립대학교 교수로 임명되었다. 또 교회에서도 비교적 젊은 나이에 장로가 되었다. 탄탄대로를 걷는 완벽한 인생이었다.

그런데 어느 날, 그에게 그늘이 찾아왔다. 아들이 뇌성마비 장애를 가지고 태어난 것이다. 그는 그 사실을 부정하며 하나님께 이렇게 기도했다.

"하나님, 배달 사고가 났습니다. 옆집에 태어날 아이가 우리 집에 태어났어요. 이건 배달 사고입니다."

처음에 그는 아픈 아이를 받아들이지 못했다. 작품 평계를 대고 세계 이곳저곳을 돌아다녔다. 여전히 아들을 마음에서 밀쳐놓은 채 '저 아이는 배달 사고야'라고 생각했다.

2년쯤 지났을 때, 작품 활동을 마치고 집에 돌아왔다. 소파에 누워 낮잠을 자고 있는데, 갑자기 가슴에 물컹한 느낌이 들어 눈을 떠보니 2세 된 아들이 자기 배에 올라와 "아빠"라고 말하는 게 아닌가! 순간 하나님께서 주시는 전광석화 같은 깨달음이 밀려왔다.

'너는 화가지. 화가가 그림을 그릴 때 항상 밝은색만 쓰더냐? 때로는 어두운색도 써야 명작이 나오지 않느냐? 지금까지는 네 인생에 밝은색만 써왔지만, 어두운색을 쓸 때도 있다. 두고 봐라. 이 모든 것이 조화를 이뤄 네 인생에 아름다운 이야기가 만들어질 것이다.'

설명도 필요 없는 분명한 하나님의 재해석이었기에, 그는 비로소 아들을 껴안았다고 한다. 자기 삶의 그늘이라고만 생각했던 아들이 얼마나 소중하고 사랑스럽게 느껴지는지, 그는 너무 감사해서 간증했다. 그늘이 해소되니 그 배에서 생수의 강이 터진 것이다. 30년 전에 읽은 간증이지만 여전히 울림이 크다.

하나님께서 우리의 그늘을 빛으로 바꾸실 때 때로는 기적처럼 병을 고치시기도 하지만, 어떤 경우는 이 교수처럼 자신의 그늘을 진리로 재해석하게 해주셔서 자유함을 누리고 얼굴빛이 회복되게 하신다.

그늘이 드리울 때 할 일

첫째, 그늘을 재해석하라

헬렌 켈러는 1880년에 보이지 않고, 들리지 않고, 말도 못하는 삼중 장애아로 태어났다. 그때 우리나라에서 장애아는 광에 가둬 길렀다. 그러나 그녀는 자기 인생을 재해석했다. 그가 남긴 유명한 말이 있다.

"나의 존재는 실패가 아닙니다. 불행도 아닙니다. 나는 하나님의 완벽한 뜻 가운데 있습니다."

하나님의 말씀으로 인생을 재해석한 헬렌 켈러는 88세까지 비장애인인 누구보다 활발하게 활동하며 살았다. 1937년 일제 치하에 있던 우리나라를 방문하여 고아들에게 자신의 인생 이야기를 들려주며 격려했다.

여러 사회적 공헌으로 노벨 평화상 후보로도 여러 번 추천받았다. 그늘이 해결되면 활짝 열린 마음의 통로를 통해 배에서 생수의 강이 흘러가기 시작한다.

조니 에릭슨 타다는 다이빙 선수였다. 그녀는 대학생 시절, 불의의 사고로 목 이하가 마비되는 중증 장애를 입고 말았다. 그러나 "내가 주께 감사하옴은 나를 지으심이 심히 기묘하심이라 주께서 하시는 일이 기이함을 내 영혼이 잘 아나이다"(시

139:14)라는 말씀으로 큰 용기를 얻었다.

여기서 "기이함"은 영어로 'marvelously uniquely'(놀라울 만큼)라고 한다. 그녀는 하나님이 자기 인생을 기이하고 독특하게 인도하실 것을 믿었다. 그 믿음대로 그녀의 인생은 기이하게 펼쳐졌다. 40여 권의 책을 펴내며 많은 이에게 영감을 주는 강연자가 되었고, 전 세계를 다니며 그 배에서 흐르는 생수의 강으로 수많은 영혼을 살렸다.

둘째, 그림자를 껴안으면 황금이 된다

"그림자를 잘 껴안으면 황금이 된다"라는 말은 칼 융의 그림자 개념에서 비롯되었다. 인간의 무의식 속에는 욕망과 두려움 같은 부정적 성향이 있는데, 이것을 무조건 억압하거나 부정하기보다 의식적으로 직면하고 수용할 때 인격은 오히려 통합과 성숙으로 나아간다는 것이다.

즉, 그림자 안에 황금 씨앗이 숨겨져 있다는 뜻이다. 이 말을 좀 더 확장해 보면, 나를 힘들게 하는 자녀와 배우자, 이웃을 껴안을 때 그늘이 황금으로 변하는 은혜를 경험하게 된다는 의미이기도 하다.

어느 부부가 결혼해 아들을 낳았는데, 아이는 뇌성마비였다. 아내를 원망하던 남편은 결국 가출했고, 아내는 홀로 아이를 키우며 생계를 위해 연탄 배달 일을 시작했다.

그러던 어느 날, 그 엄마가 초등학교에 연탄을 배달하게 되었다. 10대 아들을 혼자 둘 수 없어 초등학교 축구 골대에 세워 두고, 서둘러 학교 창고에 연탄을 쌓았다. 일을 마치고 돌아왔을 때, 차마 눈 뜨고 볼 수 없는 광경을 마주했다.

초등학생들이 골대에 잠자코 서 있는 아들을 향해 오줌을 퍼붓고 있는 게 아닌가! 오줌 범벅이 된 아들은 울고 있었고, 엄마는 거의 정신이 나가버렸다.

그 엄마는 아들을 연탄 손수레에 싣고 정신없이 서울역으로 내달렸다. 그리고 역에서 쏟아져 나오는 인파 속으로 아들을 쑥 밀어 넣었다. 그렇게 버리고 나면 속이 편할 줄 알았다. 그러나 그날 밤부터 그녀는 극심한 죄책감과 불면증에 시달렸다. 다음날 다시 서울역을 찾았지만, 아들은 이미 사라지고 없었다.

그녀는 하나님께 회개하며 아들을 찾게 해달라고 간절히 매달리며 기도했다. 그러다 어느 날 꿈속에서 허리를 다친 아들을 한 수녀가 안고 있는 모습을 보았다. 그 꿈을 따라 전국의 수녀원을 수소문한 끝에, 전라도의 한 수녀원에서 실제로 허리를 다쳐 치료받고 있는 아들을 발견했다. 그녀는 아들을 꼭 껴안고 한참을 울었다.

그리고 아들을 데리고 돌아오는 길에 그녀는 마음을 내어놓고 기도했다.

"하나님, 솔직히 아들이 죽었으면 좋겠다고 생각한 적도 있었습니다. 하지만 이제는 제대로 돌보겠습니다. 최선을 다해 아들을 키우겠습니다."

그림자를 껴안는 순간이었다. 그 엄마는 아이를 잘 기르기 위해 야간 신학교에 등록했다. 사회복지학을 전공하며 낮에는 연탄을 배달하고, 밤에는 공부했다. 여러 책을 읽고 배우며, 온 힘을 다해 아들을 키웠다.

그러던 어느 날, 학교 수업 시간에 교수님이 말했다.

"오늘 수업은 하나님의 음성을 듣는 것으로 대신하겠습니다. 모두 눈을 감아 보세요."

그렇게 눈을 감고 기도하는 가운데, 그녀는 마음속에서 '네가 학교를 세울 것이다'라는 음성을 들었다.

'학교라니, 말도 안 돼. 내가 잘못 들은 거겠지.'

그런데 그날 이후 이상한 일들이 일어났다. 장애아를 둔 어머니들이 하나둘 그녀를 찾아오기 시작했다. 그녀는 그들에게 자신의 경험을 나누며 마음을 다해 도왔다.

어느날 지자체에서 장애인을 위한 학교를 세우며 초대 교장을 공개 모집하게 되었다. 그때 장애아를 둔 어머니들이 한목소리로 그녀를 교장으로 추천했다. 그렇게 연탄 배달을 하던 엄마는 장애인 학교의 초대 교장이 되었다.

이처럼 당신 가정의 그림자를 껴안으면 황금으로 변하는 은혜가 있을 줄 믿는다. 그러면 당신의 배에서도 생수의 강이 흐르기 시작할 것이다.

Chapter 12

견고한 진 공사

하나님께서는 요한복음 7장 38절의 말씀이 이루어져서 성령의 역사가 나타나도록 영혼의 공사를 하신다. 그중 가장 큰 공사는 우리 속에 있는 견고한 진을 무너뜨리시는 공사이다.

견고한 진이란?

우리의 싸우는 무기는 육신에 속한 것이 아니요 오직 어떤 견고한 진도 무너뜨리는 하나님의 능력이라 모든 이론을 무너뜨리며 하나님 아는 것을 대적하여 높아진 것을 다 무너뜨리고 모든 생각을 사로잡아 그리스도에게 복종하게 하니 고후 10:4,5

견고한 진은 한마디로 '잘못된 생각'이다. 진리가 아닌 잘못된 의식구조이며, 병적인 생각 같은 개인적인 것도 있고, 잘못된 가족 문화처럼 가정 안에도 있으며, 교회 안에도 잘못된 교리와 전통의 모습으로 자리하고 있다. 도시와 국가 안에도 존재한다. 이런 견고한 진을 해결하지 못하면 생수의 강이 흘러가는데 큰 거침돌이 된다. 내가 어떤 생각을 품고 사느냐에 따라 나의 영적 상태는 극과 극이 될 수 있다.

> 육신의 생각은 사망이요 영의 생각은 생명과 평안이니라 육신의 생각은 하나님과 원수가 되나니 이는 하나님의 법에 굴복하지 아니할 뿐 아니라 할 수도 없음이라 **롬** 8:6,7

개인 차원의 견고한 진

신혼 때 아내에게 은행에 다녀오라고 부탁한 적이 있다. 그런데 아내가 안절부절못하더니 갑자기 우는 게 아닌가. 깜짝 놀라서 이유를 물었더니, 한번도 은행에 가본 적이 없다고 했다. 그동안 부모님이 다 해결해 주셨단다.

그뿐 아니라 초등학교 시절부터 몸이 약하다는 이유로 체육 시간마다 빠져 있었고, 그 과정에서 '나는 약하고 혼자서는 아무엇도 못 한다'는 의식이 뿌리 내리고 말았다. 그렇게 아내는 마마보이가 아니라 마마걸이 된 것이다. 결혼 생활이 힘들었던 큰 이유이기도 했다.

그러나 아내는 말씀을 통해 생각을 바꿔 나갔고, 지금은 사자처럼 담대한 사모가 되었다. 현재 아내는 교회에서 생각과 말의 중요성을 가르치며, 수천 명 앞에서도 담대하게 기도회를 인도하는 사람이 되었다. 생각이 변하고 말이 변해야 한다는 것을 간증하며 가르치는 성령충만한 사모가 된 것이다.

개인의 견고한 진이 깨질 때, 요한복음 7장 38절 말씀이 삶에서 그대로 이루어지게 된다.

의식구조 속의 견고한 진이 해결되면 전혀 다른 인생이 열린다는 사실을 보여주는 또 다른 예가 있다. 세계적인 내적 치유 전문가 존 & 폴라 샌드포드 부부 이야기이다. 이들의 책은 우리나라에도 여러 권 출간되었고, 《속사람의 변화》라는 책에서 이들이 견고한 진을 해결한 이야기를 나눈다.

이들이 결혼 후 교회를 개척했는데 이상한 일이 벌어졌다. 남편 존은 다른 교회에서 설교할 때는 탁월했지만, 정작 자신이 섬기는 교회에서는 설교가 너무 힘들었고 성도들도 은혜를 받지 못했다. 이런 일이 계속되자 부부는 이 문제를 놓고 기도했다. 그때 성령께서 부인 폴라의 마음속에 있는 견고한 진, 곧 쓴뿌리를 조명해 주셨다.

그녀가 자란 가정의 남자들은 모두 무능했다. 아버지와 삼촌, 형제들까지 누구 하나 제 역할을 하지 못했다. 이 환경 속에서 폴라의 마음에는 '남자는 무능한 존재이다'라는 사고방식이 뿌리내렸다. 마음 깊은 곳에 남편도 무능할 거라는 편견이 자리한 것이다.

이 생각은 결혼 후에도 무의식적으로 작동했다. 말과 표정, 태도 속에 은연중 드러났고, 남편 존은 아내 앞에서 설교할 때마다 위축되고 헤갤 수밖에 없었다.

부부는 이 견고한 진을 십자가 앞으로 가져갔고, 잘못된 생각을 내려놓고 회개했다. 그 후 남편 존의 설교는 완전히 달라졌고, 그는 세계적으로 쓰임 받는 사역자가 되었다.

가정 안의 견고한 진

견고한 진은 가정에도 존재한다. 한번은 대형 교회에서 내적 치유 세미나를 인도했는데, 책임자 목사님이 한 성도를 꼭 상담해 달라고 부탁하셨다. 구역장이라는 여 집사님은 자리에 앉자마자 자신의 팔뚝을 보여주었다. 팔에는 여러 개의 칼자국이 있었는데, 극단적인 시도를 반복한 흔적이었다. 이유를 묻자 그녀는 시댁의 분위기를 설명했다.

결혼해 보니 시어머니 집을 중심으로 남편과 형제들이 모두 근처에 살고 있었고, 월급을 다 시어머니에게 드린 뒤 시어머니가 며느리들에게 생활비를 나눠 주는 이상한 구조였다. 집안의 모든 결정 역시 시어머니 중심으로 이루어졌고, 남편은 아내보다 어머니의 뜻을 우선했다.

겉으로는 효심이 깊어 보였지만, 그녀는 숨이 막혀 죽고 싶을 만큼 괴로웠다고 했다. 그래서 손목을 여러 번 그었다는 것이다.

이것은 효도가 아니라 가정 안에 형성된 견고한 진이며 영적인 묶임이다. 올바른 효도라면 답답함이 아니라 사랑과 평안이 있어야 한다. 며느리가 죽음을 생각할 이유가 없다.

나는 그 집사님에게 이렇게 조언했다.

"떨어져서 효도하십시오. 남편과 의논해 시부모님과 떨어져 지내며 용돈을 드리는 효도가, 가까이 살며 손목을 긋는 것보다 낫습니다."

이 외에도 의처증, 의부증, 폭군 아버지의 군림 등 왜곡된 의식구조나 가정의 문화가 너무 많다. 이런 견고한 진은 성령의 역사를 가로막고 훼방한다. 성령충만한 삶을 살길 원한다면 이런 견고한 진들에서 벗어나게 하거나 깨뜨려야 한다.

특히 견고한 진이 있는 가정에서 자란 사람들은 자신도 모르게 그 의식구조가 몸에 배어 있다. 비난과 욕설, 다툼이 잦은 가정에서 자란 이들은 결혼 후에도 싸울 이유를 찾고 실제로 다툰다. 이 의식구조가 해결되지 않는 한, 평안한 배에서 흘러나오는 성령과의 교통은 쉽지 않다.

교회 안의 견고한 진

프랜시스 맥너트가 쓴 《치유의 영성》에는 한 교회의 견고한 진이 기록되어 있다. 그는 하버드 대학교 출신의 성공회 신부로 저명한 치유 사역자였다.

그가 설교 초청을 받아 간 교회는 세 분의 사모님이 연이어 질병으로 돌아가신 곳이었다. 성도들이 사모의 건강을 위해 기도했지만, 새로 오신 목사님들의 사모들이 연달아 병에 걸려 돌아가셨다.

집회를 인도하면서 하나님께 기도하던 그에게 성령께서 한 가지 감동을 주셨다. 교회 안에 사모를 비방하는 사람들이 많고, 그것이 견고한 진이 되어버렸다는 것이다. 그래서 집회 중에 이런 사실을 성도들에게 선포하고, 성도 중에 한 번이라도 사모를 비방한 사람이 있다면 한번 일어나보라고 말했다. 그러자 성도들이 대부분 일어섰다. 교회 안에 견고한 진이 넓게 뿌리내린 모습을 확인한 것이다.

　그래서 견고한 진이 깨질 수 있도록 성도들에게 회개를 촉구했고, 성도들은 진심으로 회개하는 시간을 가졌다. 집회가 끝나고 한참 뒤 그 교회 소식을 들었는데, 새로 오신 목사님과 사모님은 건강하게 사역을 하신다는 기쁜 소식이었다.

　교회 안에도 여러 종류의 견고한 진이 있다. 이 경우처럼 사모에 대한 비방일 수도 있고, 목회자와 장로들 간에 내려온 오랜 갈등일 수 있다. 교회 안의 잘못된 전통이나 신화도 견고한 진이 될 수 있다.

　20세기 초 영국 웨일스를 시작으로 유럽에 강력한 성령의 부흥이 일어났을 때 영국과 프랑스를 비롯한 많은 나라가 부흥을 경험했다. 그러나 자유주의 신학에 물들어 있던 독일 교회는 교회와 교단 차원에서 성령의 물결을 경계하고 막았다. 성령의 역사를 열광주의로 규정하고 신학교나 공적 강단에서 배제했다.

　결국 유럽을 휩쓴 성령의 부흥은 독일을 피해 갔고, 그 결과 히틀러 정권이 들어설 때 교회는 영적으로 무력해졌다.

말씀으로 깨뜨리는 견고한 진

견고한 진을 해결하는 데는 시간이 걸린다. 한 번의 안수기도나 한 방의 해결책은 없다. 왜냐하면 견고한 진이 개인 의식구조에, 가정에 뿌리내리기까지 오랜 시간에 걸쳐 형성되었기 때문이다. 한 번의 기적은 가능할 수 있지만, 견고한 진을 무너뜨리는 데는 오랜 시간이 걸린다. 성경 말씀을 통해 의식구조를 바꿔야 한다. 성령님을 통해 견고한 진에 역사하는 악한 영도 해결해야 한다.

사도행전 19장 에베소에 간 바울의 사역 전략이 좋은 예이다. 당시 에베소는 아데미라는 우상을 섬기는 견고한 진이 장악한 도시였다. 바울은 에베소에 가면서 세례 요한의 영향을 받은 제자들을 만나 기도할 때 성령이 임하는 체험을 한다. 그러나 바울은 성령 집회를 열지 않았다. 오히려 3개월간 회당에서 하나님나라를 가르치고, 2년간 두란노 서원에서 에베소 사람들에게 성경을 가르쳤다.

바울이 회당에 들어가 석 달 동안 담대히 하나님나라에 관하여 강론하며 권면하되 어떤 사람들은 마음이 굳어 순종하지 않고 무리 앞에서 이 도(道)를 비방하거늘 바울이 그들을 떠나 제자들을 바울은 에베소 사람들의 의식에 자리한 견고한 진을 말씀을 가르침으로 깨뜨리기 시작했다. 예수님도 이 땅에 오셔서 제자들의 의식구조를 바꾸기 위해 부지런히 가르치셨기 때문이다. 그리고 사건을 통해 제자들의 생각을 들추시고 깨뜨리시고 교정하셨다.

베드로를 성령충만한 예루살렘 교회의 지도자로 세우시기 전에 예수님은 그의 인간적 생각을 들추시고 꾸짖으셨다. 예수님의 가르침도 그의 안에 뿌리내린 견고한 진을 깨뜨리시기 위함이었다.

‘잘못된 의식구조’라는 견고한 진을 다루기 위해서는 진리의 말씀을 끊임없이, 반복해서 가르쳐야 한다. 오랜 시간 뿌린 내린 잘못된 병적인 사고 패턴은 단번에 무너지지 않기 때문이다. 말씀으로 생각을 교정하는 작업에는 시간이 필요하다.

어느 집사님이 자기 아들을 상담해달라고 부탁했다. 그 아들은 자신의 몸에서 악취가 난다고 굳게 믿고 있었고, 집 밖에 나가려 하지 않았다. 고등학교를 졸업한 후 아무 일도 하지 않고 무기력하게 집에만 있었다.

가끔 엄마와 함께 교회에 올 때면, 냄새가 날까 봐 한겨울에도 버스를 타지 못하고 자전거를 타고 30분이 넘는 거리를 눈을 맞으며 온다고 했다.

어렵게 약속을 잡고 만난 그 형제는 몹시 수척했고, 표정에는 생기가 없었다. 인물은 준수했지만, 대충 걸친 옷에 삶의 의욕이 느껴지지 않았다. 실제로는 냄새가 나지 않았지만, 그는 자신에게 냄새가 난다고 굳게 믿고 있었다.

그날부터 매 주일 모든 일정이 끝난 뒤, 그 형제와 일대일 제자 훈련을 시작했다. 처음 몇 달 간 그는 자신의 생각을 절대 굽히지 않았다. 견고한 진이 그만큼 깊이 뿌리내리고 있었다.

1년간 말씀을 붙들고 건강한 자아상과 하나님의 사랑에 대해 반복해서 가르쳤다. 그러자 놀라운 변화가 일어났다. 형제

는 '냄새가 난다'는 생각에서 서서히 벗어났고, 자신감을 찾아
갔다. 옷차림이 단정해지고, 말투가 달라졌으며, 눈빛에 생기
가 돌기 시작했다. 마침내 그는 멋진 청년으로 탈바꿈했다.

집 밖에 안 나가던 형제는 편의점 아르바이트를 시작했고,
대학 진학을 위해 공부하기 시작했다. 견고한 진은 시간이 걸
리지만, 말씀을 통해 반드시 깨어진다.

강력한 성령의 역사

사도 바울이 에베소에서 2년간 말씀 사역을 이어갈 무렵 성
령의 역사가 나타났다. 말씀으로 의식이 변화되기 시작된 사람
들에게 성령의 역사가 일어났다.

하나님이 바울의 손으로 놀라운 능력을 행하게 하시니 심지어 사
람들이 바울의 몸에서 손수건이나 앞치마를 가져다가 병든 사람
에게 얹으면 그 병이 떠나고 악귀도 나가더라 행 19:11,12

바울이 에베소에서 만난 12명쯤 되는 세례 요한의 제자들이
성령의 임재를 체험하고 방언을 말하기 시작했다. 이렇게 시작
된 성령의 역사는 2년간의 말씀 사역을 통해 단단히 다져진 에

베소에 강하게 나타났다.

말씀과 성령을 통해 변화된 에베소 사람들이 스스로 우상을 불태웠다. 아데미 우상의 도시였던 에베소에 하나님의 교회가 세워진 것이다. 말씀으로 의식이 교정되고, 성령의 역사로 새로워질 때 견고한 진은 도시 안에서도 무너진다.

당신의 생각 속에, 당신의 가정과 일터에, 당신이 속한 교회와 도시에 이 같은 말씀이 흥왕하고 성령의 역사가 일어나기를 소망한다. 견고한 진이 무너질 때 배에서 생수의 강이 힘차게 흘러 가정과 교회, 일터와 도시를 바꿀 수 있다.

03

내 배에서
흐르는
생수의 강

3부에서는 영적 공사가 진행되거나 마무리되는 과정에서 우리 안에 계신 성령님을 어떻게 경험하고, 내 배에서 생수가 흘러감을 누리며 살 수 있는지를 다룬다. 주님은 우리의 영혼을 치유하시고, 깨뜨리시고, 다루신 후에 성령님과 동행하며 사는 법을 가르치신다. 배에서 생수의 강이 흘러가는 삶을 실제로 맛보고, 구체적으로 경험하게 하시며, 평생 가정과 일터에서 성령이 흘러가기를 원하신다.

Chapter 13

배에서 흐르는 생수

"나를 믿는 자는 성경에 이름과 같이 그 배에서 생수의 강이 흘러나오리라"(요 7:38)라고 약속하신 예수님의 말씀은 오늘 우리에게도 유효하다. 그리고 하나님은 실제로 우리가 삶에서 생수를 경험하길 원하신다.

그러기 위해 내 속에 와 계신 성령이 넘쳐나지 못하게 막는 방해물, 특히 육신을 제거하신다. 그 방해물이 어느 정도 처리되면 약속하신 대로 성령님이 동행하시면서 나를 통해 생수의 강을 흘려보내심으로 사람 살리는 일을 하신다.

나는 구원도 하지만 치유도 한다

16년 전, 교회에 부임하고 얼마 되지 않은 때였다. 사무실에 있는데, 구역장 교육 중이던 부목사가 급히 뛰어 올라왔다. 두 구역장 때문에 도저히 교육이 안 된다고 했다. 그들은 고령의 어머니가 심장 이상으로 병원에 입원해 있는데, 병원에서 장례 준비를 하라고 했다며 조급해했다.

그런데 어머니가 예수님을 믿지 않으니 당장 병원에 가서 예수님을 영접하게 해달라고 부탁했다. 나는 서둘러 두 구역장과 함께 병원으로 심방을 갔다.

병실에 들어가 보니 머리 쪽을 곱게 내신 할머니가 앉아 계셨다. 나는 복음을 전했고, 감사하게도 할머니는 순순히 예수님을 구주로 영접하셨다. 나는 안도하는 자녀들에게 장례식 준비를 잘하라고 인사하고, 병실을 나와 교인들과 교회에 가려고 엘리베이터 앞에 섰다.

그때 내 속에서 성령님의 음성이 들렸다.

'다시 돌아가라.'

'어, 이게 뭐지?'

곧이어 또 다른 음성이 들렸다.

'돌아가서 나는 구원도 하지만 치료도 한다고 전해라.'

좀 황당했지만 그 음성에 순종하여 다시 병실에 들어섰다.

왜 다시 왔느냐고 묻는 할머니에게 "하나님은 구원도 하시지만 치료도 하세요"라고 말했다. 그리고 양해를 구한 후에 할머니 심장 부위에 손을 대고 잠시 기도해드리고 교회로 돌아왔다.

그런데 며칠이 지나도록 장례 소식이 들려오지 않았다. 그래서 알아보니, 할머니가 예수님을 영접한 날 잠을 자다가 '밖에 나가 뛰어라'라는 음성이 들려왔다고 한다. 심장 판막이 망가져서 죽기 직전인데 나가서 뛰는 게 말이 안 되지만, 할머니는 병원 마당에 나가 체조하듯 뛰었고, 마침 사위인 장로님이 그 영상을 찍어 내게 보내주었다.

할머니가 예수님을 영접하고 구원받은 날, 성령님의 음성을 들은 것이었다. 밖에 나가 뛰라는 말씀에 순종한 할머니는 치료의 축복까지 받았다.

이후 12년을 더 살다가 96세에 소천하신 할머니는 돌아가시기 전까지 주일이면 옷을 곱게 차려입고 계단을 뛰어 올라와 예배를 드리셨다. 예배 후 교회 입구에서 내가 인사할 때면 내 손을 꼭 잡고 손에 입을 맞추었다.

할머니의 치료로 여러 친척이 주께 돌아오고 신앙생활에 힘을 얻었다. 교회에도 이 기적은 큰 도전을 주었고, 많은 성도가 치유되는 계기가 되었다.

성령님이 말씀하실 때 순종했던 내 배에서 생수의 강이 흘러나와, 할머니를 구원하고 치유의 통로가 되게 하신 것이다.

요한복음 7장 38절을 살아낸 사람들

성경에는 요한복음 7장 38절 말씀을 살아낸 사람들이 많이 등장한다. 특히 사도행전은 초대교회 교인들의 배에서 흘러나온 생수의 강이 역사하는 모습을 역동적으로 표현한다. 그들의 입에서 생명의 복음이 흘러나와 사람들이 구원받고, 그들의 기도를 통해 사람들이 치유되고 변화되는 일이 계속 일어난다. 우상이 지배하던 곳에 교회가 세워지고, 이방인의 입에서 하나님을 찬양하는 사건이 이어진다.

인간의 지혜가 아니라 오직 성령의 나타나심을 의지하며 복음을 전하고(고전 2:4), 성령의 인도하심을 따라 유럽 땅에 교회가 세워진다. 또한 성령에 이끌려 어둠의 도시 사마리아가 기쁨으로 충만해지고(행 8:4-8), 에디오피아 내시에게 복음을 전함으로 아프리카 최초의 기독교 국가를 탄생시킨 빌립 집사 이야기는 깊은 감동을 준다(행 8:26-40).

이들이 성령님과 동행하는 사람이 될 때까지 '영혼의 공사'를 경험했다. 그 후, 성령의 흐름을 따라가며 성령의 강이 배에서 흘러나오는 사람이 되었다. 베드로를 예로 들어 보자.

베드로에게서 흘러나오는 성령

자아가 깨지고 상처가 치유되는 경험을 한 베드로에게서 생수의 강이 흘러나오기 시작했다. 사도행전 1장에 다락방에서 백이십 문도가 기도에 힘쓸 때 성령의 감동을 받은 베드로가 일어나 갑자기 투표를 제안하는 장면이 나온다.

가룟 유다의 죽음으로 공석이 된 열두 번째 사도를 세워야 한다며 맛디아를 지비로 뽑는다. 성경은 곧바로 마가의 다락방에 성령이 임한 사건을 상세히 묘사한다.

열두 사도의 수가 왜 중요한가? 열두 지파와 열두 사도는 천하 만민을 대표하는 상징이다. 만약에 이날 사도를 뽑지 않고 열한 사도만 기도했다면, 성령이 임하지 않았을지도 모른다. 베드로는 성령이 주시는 계시를 통해 위대한 성령 강림 사건에 중요한 역할을 한다.

사도행전 2장에는 성령에 사로잡힌 베드로의 설교로 3천 명이 회심하는 사건이 나온다. 수많은 사람이 "어찌할꼬" 회개하며 예수께로 돌아오게 만든 베드로의 설교는 그의 배에서 흘러나오는 생수의 강이었다(행 2:37,38).

이어서 3장에는 성전 미문에 앉아 있던 앉은뱅이를 기도로 일으킨 사건이 기록되어 있다.

이 말이 끝나자, 평생 미문에 앉아 있던 걸인이 자리에서 일어나 걷고 뛰며 찬송했고, 이 광경을 본 많은 이가 하나님께 돌아왔다. 베드로에게 있던 생수의 강이 흘러간 것이었다.

더 크게 흘러가는 성령의 강

베드로는 평생 성령의 인도함을 받으며 성령의 강을 따라 살아간다. 성령님은 그의 인생을 계속 열어 가시고, 그는 성령과 교통하며 새로운 차원의 인생으로 도약한다.

사도행전 10장에는 베드로를 통해 초대교회가 세계 선교의 문을 여는 사건이 기록되어 있다. 그는 습관처럼 제6시에 기도하기 위해 집 지붕으로 올라간다. 그리고 기도하다가 환상을 본다.

이미 영적 감각이 있는 베드로는 이 환상을 생각하다가 성령의 음성을 듣는다.

성도의 소원 중 하나가 성령님의 음성을 듣고 인도함을 받는 것이다. 이 본문에는 언제 성령님이 말씀하시는지 잘 나와 있다. 베드로가 기도 중에 본 환상을 곰곰이 생각할 때 성령이 말씀하셨다. 언제 성령의 말씀을 듣는가? 주님이 행하시는 일을 소홀히 여기지 않고, 묵상하며 진지하게 생각할 때이다.

주일에 목사님의 말씀을 '하나님이 내게 주시는 말씀'이라고 믿으며 깊이 묵상할 때, 아침에 일어나 성경을 찬찬히 묵상할 때 성령님이 말씀하신다.

베드로는 환상에 대해 깊이 생각하다가 자기 인생뿐 아니라 교회 역사를 바꾸게 되었다. 그가 음성을 듣고 내려가 보니, 이달리야 군인 백부장 고넬료가 보낸 두 사람이 기다리고 있었다.

그들을 따라가 고넬료의 집을 방문한 그는 말씀을 전하던 중, 그 집에 성령이 강림하는 것과 그 자리에 있던 자들이 방언으로 하나님께 영광을 돌리는 모습을 목격했다.

지금까지 복음은 유대인에게만 해당하는 줄 알았던 그의 고정관념이 깨졌다. 그는 이 사실을 예루살렘 회의에서 보고했다. 그 결과, 초대교회가 이방인에게도 복음을 전해야 함을 깨닫고, 세계 선교로 눈을 돌리게 되었다.

베드로는 자신도 모르게 성령의 인도함을 따라가다가 세계 선교의 문을 여는 역사적 사건의 주인공이 된다. 수많은 이방인에게 생명의 복음이 전해져 생수의 강이 흘러가기 시작했고, 복음을 듣는 자마다 그 배에서 생수의 강이 흘렀다.

지금 이 글을 쓰는 내 배에도, 당신의 배에도 성령의 강이 흘러갈 수 있게 된 이유이다.

깨어짐과 치유를 통과한 베드로

물론 베드로가 처음부터 영적인 사람은 아니었다. 그는 깨어짐의 과정을 통과하고, 예수님의 치유를 받았다.

마태복음 16장에 그의 자존심이 무너지는 사건이 기록되어 있다. 십자가 죽음을 말씀하시는 예수님에게 베드로가 강력히 항변한다.

> 베드로가 예수를 붙들고 항변하여 이르되 주여 그리 마옵소서 이 일이 결코 주께 미치지 아니하리이다 마 16:22

"항변"으로 번역된 헬라어 '에피티마오'(ἐπιτιμάν)는 '꾸짖다, 엄중히 타이르다'와 같은 의미이다. "붙들고"라는 단어 또한 '옆으로 데리고 가서'라고 번역하는 것이 더 정확하다. 베드로가 감히 예수님을 꾸짖은 것이다. 그때 예수님의 강력한 질책이 쏟아진다.

> 사탄아 내 뒤로 물러가라 너는 나를 넘어지게 하는 자로다 네가 하나님의 일을 생각하지 아니하고 도리어 사람의 일을 생각하는도다 마 16:23

얼마나 무안한 상황인가. 예수님에게서 "사탄아"라는 소리를 들을 줄이야! 아마 이 일은 하나님의 일보다 사람의 일을 생각하는 베드로의 강한 육신을 깨뜨리는 영혼의 중요한 공사였을 것이다.

이후 베드로는 예수님을 세 번이나 부인하는 씻을 수 없는 실수를 하고, 고향 갈릴리 바닷가로 꼭꼭 숨어버린다. 그리고 그날 밤 베드로는 예수님의 말씀을 생각하며 심히 통곡한다(마 26:75). 그런데 부활하신 예수님은 그런 베드로를 찾아가셔서 용서하고 치유해주신다.

어쩌면 베드로는 '이제 끝이다'라고 생각했을지 모른다. 그런데 예수님은 전혀 다른 판단을 내리셨다. 그의 연약함을 다 용납하시고 그를 안으시며 또 다른 기회를 주시고 초대교회 지도자로 세우신다.

이는 요한복음의 마지막 장면이고, 이로써 사복음서가 마무리된다. 부활하신 예수님이 베드로뿐만 아니라 자신을 버리고 도망간 다른 제자들도 친히 찾아가셔서 그들의 복잡한 마음을 만져주신다.

요한복음 21장에서 주님은 베드로의 마음을 만지신 후, 이어지는 사도행전 1장에서 "성령을 받으라"라고 마지막 부탁을 하신다. 예수님이 승천하신 후 성령이 강림하셔서 베드로를 포함한 백이십 문도의 마음에 들어가셨다.

　그리고 제자들의 배에서 생수의 강이 흘러나오듯, 예루살렘과 선교지에서 생수의 강을 흘려보내며 성령님과 동행하는 삶을 살았다. 이런 치유와 깨어짐의 경험이 없었다면 베드로를 포함한 제자들도 죄책감과 수치스러운 기억이 방해물이 되어 강력한 성령이 배에서 흘러나오지 못했을 것이다.

　고난을 경험할 때는 고통스럽지만, 내 배에서 생수의 강이 흘러나오는 단계에 이르면, 신앙생활의 새로운 장이 펼쳐진다. 성령님이 함께하심으로 담대하게 사역을 감당하게 된다.

Chapter 14

성령의 교통하심

신약시대는 '예수님 시대'였다. 예수님이 친히 성육신하셔서 이스라엘 땅에서 사역하실 때, 예수님과 함께하며 은혜와 기적을 누린 자들이 있었다. 반면 예수님을 멀리하고 배척하던 바리새인들도 있었고, 나쁜 소문을 의지하며 예수님을 믿지 않고 멀리했던 자들도 있었을 것이다.

지금은 '성령님 시대'이다. 요한일서 1장 7절 말씀처럼 성도는 성령님과 사귐을 누릴 줄 알아야 한다. 성령님은 우리가 그분과 친해져서 교통하고 성령의 온갖 유익을 누리며 살도록 가르치고 인도하신다. 그래서 성령님은 신자들에게 크고 작은 경험을 하게 하신다.

새 언약의 영

하나님께서 아브라함 앞에 13년 만에 침묵을 깨시고 나타나셨을 때 아브라함과 동행하시며 언약을 맺으신다(창 17:1,2). 언약 관계에 들어간 아브라함은 하나님과 깊은 대화를 나눈다. 일방적이었던 관계가 언약 체결 이후 쌍방의 대화로 바뀐 것이다.

언약 관계를 맺은 아브라함은 하나님과 교통하는 존재가 된다. 하나님은 소돔과 고모라의 운명을 아브라함과 의논하신다. 성경을 보면 아브라함이 대화를 주도하는 듯한 인상을 받을 정도이다.

이후 하나님은 아브라함의 자손들과도 교통하신다. 어느 날 이삭이 아내 리브가의 태중에서 싸우는 태아를 위해 주님과 대화하는 장면이 나온다.

"묻자온대"로 번역된 히브리어는 '다바르'(דָבַר)인데, '물어보
다'라는 뜻이 있다. 이삭이 하나님과 대화하듯 여쭈어본 것이
다. 그러자 하나님께서도 다정하게 대답하신다.

여기에서 "이르시되"에 해당하는 '아마르'(אָמַר)는 친한 친구
사이에 쓰이는 말이다. 이삭이 하나님께 여쭈자 하나님이 친밀
하게 대답하시는 장면이다. 하나님께서는 언약 백성인 우리와
도 이처럼 교통하기를 원하신다.

예수님의 십자가 공로로 우리는 새 언약 백성이 된다. 내 안
에 성령님이 주신 새 마음과 본성으로 살아가게 되는 것이다.
무엇보다 새 언약의 영이신 성령님은 우리와 교통하기를 원하

신다. 영적으로 둔감한 우리가 영적으로 민감해져서 주님과 고통하기까지 성장하도록 성령님은 먼저 신자들에게 크고 작은 경험을 하게 하신다.

나의 첫 성령 체험

대학교 3학년 때, 나는 옆집 형의 전도로 처음 교회에 갔다. 100여 명쯤 모인 장로교회였는데 성도들이 다 점잖아 보였다. 그런데 목사님의 설교가 너무 졸렸다. 2주 내내 설교 시간에 졸다가 창피하기도 해서 그 후로는 교회에 가지 않았다.

그런데 대학 동기 중에 허리 디스크로 고생하다가 여름 방학에 기도원에 가서 신비한 체험을 하고 고침받은 친구가 있었다. 그 친구는 캠퍼스에서 자기 등에 난 빨간 발자국을 보여주며 전도하고 다녔다.

나는 그에게 이끌려 방배동의 한 교회에 가게 되었다. 이번에도 장로교회였지만 이전 교회와는 달랐다. 상가 2층에 있는 교회였는데, 큰 소리로 찬양하고, 손뼉도 크게 치고, 방언 기도라는 것도 하고 있었다. 생소하고 어색한 분위기였다. 담임목사님이 설교하러 나오셨는데 뽀글뽀글한 머리에 흰 양복을 입고 무지개 넥타이에 백구두를 신으셨다. 그간 알던 목회자의 모습과 너무도 거리가 멀었다. 설교가 전혀 귀에 들어오지 않았다.

나는 주보에 "이 교회는 죽어도 안 나온다"라고 수십 번 썼다. 모든 게 마음에 들지 않았다. 담임목사님은 40일 금식까지 한 분이라는데, 내 귀에는 설교가 하나도 들어오지 않았다. 예배가 끝나자마자 빨리 집에 가고 싶어서 신발장으로 달려갔다. 그런데 담임목사님이 그 앞에 서서 내게 말을 건네셨다.

"오늘 교회에 처음 오셨나 봐요. 제가 안수기도 한번 해드릴까요?"

나는 "빨리하세요"라고 무례하게 말했다. 그러자 목사님의 손이 내 머리에 닿았다. 목사님의 두툼한 입술에서 기도 소리와 함께 수많은 침방울이 튀었다. 내 얼굴은 온통 침 바다가 되었다. 나는 그때 '안수기도'의 '수' 자가 '물 수'(水)인 줄 알았다.

속으로 '정말 이 교회는 죽어도 안 나온다'를 계속 곱씹었다. 그리고 안수기도가 끝나자마자 빠른 걸음으로 교회를 나와 집에 가는 버스에 올라탔다.

그런데 버스 안에서 뭔가 달라진 느낌이 들었다. 당시 나는 우울증, 대인기피증으로 버스에 타면 내 지정석인 맨 뒷자리 구석에 처박혔다. 하지만 그날은 나도 모르게 버스에 같이 탄 학교 친구, 그 교회 성도와 신나게 떠들었다. 참 이상했다. 너무 오랜만에 느끼는 좋은 기분이었다.

게다가 내 안에서 계속 노래가 흘러나와 나도 모르게 흥얼거리기 시작했다. 몇 년 만에 느껴보는 좋은 감정이었다. 당시 웬 만한 신경안정제, 두통약은 거의 다 먹어봐서 어떤 약을 먹으면 어떤 느낌이 나는지 알고 있었다. 그런데 그때 내가 느낀 좋은 감정은 어떤 약 기운은 아니었다. 딱히 뭐라고 설명할 수는 없었다.

안국동에 내려서 버스를 갈아타려고 기다리는데, 놀라운 일이 일어났다. 내 마음에 울리던 노래가 사랑으로 바뀌었다. 종로 거리 전체가 사랑으로 꽉 차는 느낌이었다. 온 세상이 환한 빛으로 변하고, 내 안에서 사랑이 막 솟구쳤다. 모든 게 사랑스러웠고, 지나가는 사람을 붙들고 "사랑합니다"라고 막 외치고 싶었다. 참 놀라운 경험이었다.

이런 좋은 기분이 집에 들어가면 다 사라져버릴 것 같았다. 당시 불교를 믿던 집에는 방마다 부적이 붙어 있었고, 불경이 나뒹굴었다. 마침 정류장 근처에 사는 친구 집에 잠깐 있다가 가도 되냐고 부탁했고, 친구는 기꺼이 허락해 주었다.

친구 집에서 이런저런 이야기를 나누다 친구가 "네 속에서 흘러나오는 노래를 흥얼거려 보라"라고 했다. 내가 흥얼거리자, "어, 그거 복음성가인데"라고 하면서 〈내게 강 같은 평화〉, 〈날마다 숨 쉬는 순간마다〉라는 복음성가를 가르쳐 주었다. 처음 배운 복음성가였다. 둘이 한참 신나게 부르다가 친구가 말했다.

“교회 처음 온 날, 너무 영적인 노래만 부르면 안 좋아.”

그러면서 가수 나훈아의 노래도 가르쳐 주었다. 그것도 너무 좋았다. 복음성가도, 나훈아 노래도 다 좋았다. ‘역시 강남에 있는 교회에 다니는 친구라 균형 감각이 뛰어나구나’라고 생각하며 신나게 노래를 불렀다.

내가 처음 성령을 체험한 날은 지금도 좋은 추억으로 남아 있다. 그날의 기억이 생생하다. 성령님이 내게 주신 사랑과 희락의 마음과 안국동을 꽉 채운 신비한 빛. 성령님이 나와 함께 하심을 가르쳐 주신 귀한 체험이었다.

함께하시는 보혜사 성령님

성령님은 자신을 누리는 것에 미숙한 우리에게 찾아오셔서 크고 작은 체험을 허락하신다. 하지만 이런 극적인 체험이 신자의 삶에 날마다 계속되지는 않는다. 그것이 성령님의 목적도 아니고, 그럴 필요도 없다. 마치 사랑하는 연인이 결혼 전에는 뜨거운 감정이 들끓지만, 결혼 생활을 하다 보면 극적인 감정보다는 살면서 서로 알게 된 지식과 의지가 관계를 이끌어 가는 것과 같다.

성령님은 우리와 깊이 교제하고 교통하기를 원하신다. 예수님은 십자가를 지시기 전에 제자들에게 성령님을 직접 소개하셨다. 그분이 소개하신 성령님은 '보혜사'이다.

"보혜사"로 번역된 '파라클레토스'(παράκλητος, parakletos)는 'para'(곁에)와 'kleo'(부름받다)의 합성어이다. 즉, 예수님은 떠나셨지만 바로 내 곁에서 영원히 함께하시도록 부름받으신 성령님이 계신다는 뜻이다. "또 다른 보혜사"는 헬라어 '알론 파라클레톤'(ἄλλος παράκλητος)으로, '모양은 다르지만, 능력은 같다'라는 뜻이다.

즉, 예수님은 이 땅에 육으로 오셔서 놀라운 기사와 기적을 나타내셨지만, 성령님은 영으로 오셔서 우리에게 예수님과 동일한 능력을 나타내신다는 뜻이다. 성령님은 단지 불이나 생수 같은 에너지가 아니라, 예수님과 같은 능력과 본질을 가진 하나님의 영이시다.

당시 보혜사는 인간의 일생을 지켜보면서 어려울 때 변호해 주는 '변호사, 도우미'라는 의미로 쓰였다고 한다. 그래서 영어 성경은 'advocate(변호사), helper(돕는 자), comforter(위로자)' 등으로 번역했다. 일본어 성경은 '돕는 주인'(助け主: たすけぬし)이

라고 독특하게 번역했다. 한자로 보혜사(保惠師)는 '우리를 은혜로 보호하고 가르치시는 분'이라는 뜻을 담고 있다.

한마디로, 성령님은 나와 함께하시면서 위로하고 도우시고 변호하시는 주의 영이시다. 보혜사 성령님은 우리에 대해 모든 것을 알고 계시는 전지하신 분이다.

기록된 바 하나님이 자기를 사랑하는 자들을 위하여 예비하신 모든 것은 눈으로 보지 못하고 귀로 듣지 못하고 사람의 마음으로 생각하지도 못하였다 함과 같으니라 오직 하나님이 성령으로 이것을 우리에게 보이셨으니 성령은 모든 것 곧 하나님의 깊은 것까지도 통달하시느니라 고전 2:9,10

성령님은 우리의 과거, 현재, 미래에 하나님께서 예비하신 모든 것을 알고 계시며, 나와 함께하시면서 돕고 이끌고 위로하는 능력을 베푸신다.

성령의 내주하심

예수님을 믿으면 성령님이 신자 안에 내주하신다. 바울은 우리의 몸을 '성령이 거하시는 성전'이라고 말한다.

여기서 "거하시다"는 헬라어 '오이케오'(οἰκέω)로 '내주하다, 머물다, 집을 짓고 살다'라는 뜻을 지닌다. 성령님은 우리 안에 내주하시며 영원히 사신다.

성도가 흔히 저지르는 실수는 성령님이 임하시기를 막연히 기도하며 기다리는 것이다. 그러나 성령님은 이미 우리 안에 와 계신다. 이에 대한 빌리 그레이엄 목사의 조언을 귀 기울여 들을 필요가 있다.

"신자들에게 들려줄 좋은 소식이 있다. 우리는 더 이상 성령을 기다릴 필요가 없다. 오히려 성령께서 우리를 기다리고 계신다. 우리는 약속의 시대가 아니라 성취의 시대에 살고 있다."

성령은 이미 우리 안에 계신다. 문제는 '성령님이 우리를 얼마나 소유하고 계시는가'이다. 성령이 우리 배에서 흘러넘치려면 성령으로 충만해야 한다. 성령충만은 성령님이 우리를 얼마나 다스리고 계신가에 달려 있다.

성령님이 내 안에 계시는데도 그분을 꿔다 놓은 보릿자루 취급한다면, 결코 성령충만할 수 없고, 그런 상태에서는 성령님이 나를 통해 흘러가실 수도 없다.

그러므로 성령님이 나를 주도하시도록 나 자신을 내려놓아야 한다. 내가 항복하는 만큼 성령으로 충만해지고, 성령님은 내 영에서부터 흘러가기 시작하신다. 이런 전적 의존 상태를 만드시려고 하나님은 우리 육체를 꺾고 낮추시는 작업, 곧 영혼의 공사를 하신다.

내주하시는 성령님이 나의 주인 되시고, 나는 그분의 종이 되어야 한다. 이 순서가 무너지면 성령충만할 수 없고, 성령께서 나를 통해 역사하시지도 않는다. 신자의 삶은 내주하시는 성령님과의 영원한 동행이다. 그 동행이 행복하려면 항복과 순종의 삶을 살아야 한다. 이것이 바로 성령충만한 삶을 살았던 사도 바울이 "나는 날마다 죽노라"(고전 15:31)라고 고백한 이유이다.

성령의 교통하심

내주하시는 성령님은 성도와 인격적인 교제를 원하신다. 목회자들이 주일예배를 마치며 축도할 때 '성령의 교통하심'을 축원하는 이유도 여기에 있다. 그러나 많은 성도가 성령님에 대한 잘못된 이해로 그분과 깊은 교제를 누리지 못한다.

신학자 칼 바르트는 "한 부류의 기독교인은 성령을 두려워하고, 또 다른 부류는 성령을 자기 마음대로 부리려 한다"라고 말했다. 아주 정확한 지적이다. 어떤 성도는 성령에 대한 두려움과 무지, 잘못된 지식 때문에 성령님을 멀리하고, 또 어떤 성도는 성령님을 도구처럼 사용하려 하기에 그분과의 교통을 누리지 못한다.

예수님은 "양은 목자의 음성을 듣는다"라고 달씀하셨다(요 10:3). 성도는 성령의 음성을 듣고 살아가는 존재이다. 그렇다면 우리는 어떻게 성령님과 교통하는가?

성령님은 우리의 영과 더불어 교통하신다(롬 8:16). 죄로 인해 타락한 인간의 영은 예수님을 믿고 살아나 새 생명을 얻는다. 이 살아난 인간의 영을 통해 성령님과 교통하는 것이다. 그러나 거듭난 영은 처음에는 어린아이와 같아서 성령과의 교통도 자라야 한다. 갓난아기는 부모와 온전한 교통이 어렵지만, 자라가며 교제가 깊어진다.

그래서 기도와 말씀과 은혜를 통해 영이 성장해야 한다. 그렇다고 해서 초신자가 성령님과 교통할 수 없는 것은 아니다. 부모가 아이의 눈높이에 맞춰 소통하듯, 성령님은 우리의 수준에 맞게 교통하신다. 설교 말씀을 통해, 예배 중에 주시는 감동을 통해, 꿈이나 사건과 상황, 혹은 사람을 보내서서 성령님은 우리와 교제하시고 가르치신다.

고(故) 조용기 목사님은 성령님과 교통을 강조하는 목회자로 잘 알려져 있다. 그의 목회 비결은 성령 목회였고, 성령님을 전적으로 의지하며 사역할 때 놀라운 역사를 경험했다. 목사님은 아침에 눈을 뜨면 "성령님, 좋은 아침입니다. 성령님, 늘 환영합니다. 성령님, 의지합니다"라고 성령께 말을 걸며 하루를 시작하셨다고 한다.

언제나 성령님을 초청하며 목회를 하셨다. 설교 단상에 오를 때도 "성령님, 먼저 가시지요"라고 성령님을 앞세우고 자신은 뒤따르셨다. 우리도 성령님과 교통하는 법을 배워야 한다. 지금 성령님께 말을 한번 건네 보라.

"성령님, 사랑합니다. 제 안에 계셔서 감사합니다."

성령님은 이미 우리 안에 계시고, 우리와 교통하기를 원하시며, 우리를 통해 세상으로 흘러가길 바라신다.

Chapter 15

성령의 스며듦

영적 치유와 영혼의 공사가 이루어지면 내 안에 성령의 흐름
이 원활해진다. 신자 안에 계신 성령님이 생수의 강처럼 생명력
있게 흐르기 시작한다.

강물이 흐르면 강가의 흙이 논밭으로, 또 도시로 스며들듯
성령의 강은 우리 영에서 혼으로, 육으로 스며든다.

성령님은 우리 가정에 스며들고, 일터에도 흘러가길 원하신
다. 이 같은 성령님의 스며듦, 곧 기름부음을 경험하려면 어떻
게 해야 하는지 살펴보자.

성령의 기름부으심

성령의 역사는 다양하게 표현된다. 성령의 은혜를 '생수'로 표현할 때는 우리 영혼의 목마름을 시원하게 해결해 주시는 은혜를 말할 때다. 성령을 '불'로 표현할 때는 강력한 임재를 상징한다.

성경의 기름부음에 관한 해석은 매우 다양한데, 이 책에서는 성령님이 우리 삶의 영역에서 사명을 잘 감당하도록 주시는 은혜와 권능을 '기름부음'이라고 정의한다. 기름부음은 히브리어 '메샤하'(מָשַׁח)인데, 여기서 메시아(기름부은 구세주)가 나왔다.

성령의 기름부음에는 '스며들다'(smearing), '문지르다'(rubbing)라는 뜻이 있다. 성경의 무대가 되는 이스라엘과 중동 지역은 매우 건조해서 가구와 집에 주기적으로 기름을 칠해야 했다. 특히 군인들은 무기인 활과 창과 방패에 기름을 바르고 문지르는 일을 게을리할 수 없었다. 그렇지 않으면 무기가 갈라지고 망가져서 전쟁에 나가 제대로 싸울 수 없었다.

성도의 영혼육에도 성령의 기름부음이 스며들지 않으면, 영적 전쟁에서 패할 수밖에 없다. 스가랴서에 나오는 스룹바벨이 좋은 예이다.

스룹바벨의 성벽 재건

스가랴서 4장에는 예루살렘의 총독 스룹바벨이 등장한다. 그는 오늘날 시장(市長)과 같은 고위공직자이다. 지금도 한 도시의 시장이 되려면 상당한 실력을 갖춰야 한다. 그런데 스룹바벨은 16년간 예루살렘의 숙원 사업인 성벽 재건을 하지 못했다. 인근 사마리아 총독들과 지방 세력가들의 고소 고발과 훼방 때문이었다.

그가 무능한 총독이라는 말을 듣고 있을 때, 천사가 찾아와 환상을 보여준다.

내게 말하던 천사가 다시 와서 나를 깨우니 마치 자는 사람이 잠에서 깨어난 것 같더라 그가 내게 묻되 네가 무엇을 보느냐 내가 대답하되 내가 보니 순금 등잔대가 있는데 그 위에는 기름 그릇이 있고 또 그 기름 그릇 위에 일곱 등잔이 있으며 그 기름 그릇 위에 있는 등잔을 위해서 일곱 관이 있고 그 등잔대 곁에 두 감람나무가 있는데 하나는 그 기름 그릇 오른쪽에 있고 하나는 그 왼쪽에 있나이다 하고 슥 4:1-3

그가 본 환상은 기름 그릇이 있는 순금 등잔대였다. 그것은 두 감람나무에 관으로 연결되어 있었다. 스룹바벨이 이것이 무엇인지 천사에게 묻자 다음과 같이 설명한다.

> 내게 말하는 천사에게 물어 이르되 내 주여 이것들이 무엇이니이
> 까 하니 내게 말하는 천사가 대답하여 이르되 네가 이것들이 무엇
> 인지 알지 못하느냐 하므로 내가 대답하되 내 주여 내가 알지 못
> 하나이다 하니 그가 내게 대답하여 이르되 여호와께서 스룹바벨
> 에게 하신 말씀이 이러하니라 만군의 여호와께서 말씀하시되 **이
> 는 힘으로 되지 아니하며 능력으로 되지 아니하고 오직 나의 영
> 으로 되느니라** 큰 산아 네가 무엇이냐 네가 스룹바벨 앞에서 평
> 지가 되리라 그가 머릿돌을 내놓을 때에 무리가 외치기를 **은총,
> 은총이 그에게 있을지어다 하리라** 하셨고 슥 4:4-7

스룹바벨이 해야 할 성벽 재건은 인간의 힘이나 능력으로 되
지 않고, 오직 성령의 도움으로만 가능하다는 뜻이다. 여기서
"힘"의 히브리어 '하일'(חֵיל)은 '외력, 물리적 세력, 군사력'을 가
리킨다. "능력"의 히브리어 '코아흐'(כֹּחַ)는 개인의 '내적 능력'이
나 '생명력, 체력, 추진력'을 나타낸다. 개인의 능력이나 타인의
능력을 다 끌어 써도 안 되는 일이 있다는 것이다.

순금 등잔대가 감람나무에 붙어 있어 계속 관을 통해 기름
을 공급받아야 하듯, 성령의 기름부음을 받지 않으면 일을 감
당할 수 없음을 가르쳐 준다. 하나님의 일은 성령의 기름부음

을 받아야만 가능하다.

천사는 스룹바벨에게 하나님의 영으로 기름부음 받아야 학을 가르쳤고, 그러면 태산 같은 문제가 평지가 된다고 예언했다. 그 결과, 스룹바벨은 16년 동안 지지부진하던 성벽 재건을 2년 만에 해낸다.

우리에게도 이런 성령의 기름부음이 필요하다. 성령의 능력과 지혜가 우리 일과 일터에 스며들어야 한다.

허드슨 테일러의 믿음

스가랴서에 나오는 감람나무는 예수님을 상징한다. 우리는 기름부은 자 예수 그리스도께 붙어 있어야 기름부음을 공급받을 수 있다. 예수님도 그 점을 강조하셨다.

내 안에 거하라 나도 너희 안에 거하리라 가지가 포도나무에 붙어 있지 아니하면 스스로 열매를 맺을 수 없음 같이 너희도 내 안에 있지 아니하면 그러하리라 나는 포도나무요 너희는 가지라 그가 내 안에, 내가 그 안에 거하면 사람이 열매를 많이 맺나니 나를 떠나서는 너희가 아무것도 할 수 없음이라 사람이 내 안에 거하지 아니하면 가지처럼 밖에 버려져 마르나니 사람들이 그것을 모아

허드슨 테일러는 세계 기독교 선교에 한 획을 그은 인물이다. 200년 전, '중국 내지선교회'(지금의 OMF)를 창설하고, 교회와 병원을 세움으로써 중국 정부로부터 '중국의 은인'이라는 칭송을 받은 전설적인 선교사이다.

그런 그도 처음에는 좌절과 사역의 어려움을 겪었다. 가족의 잇따른 죽음과 '의화단 사건'(1899~1901년 청나라 말기에 일어난 외세 배척, 반 기독교 민족운동)으로 사역이 막히기도 했고, 재정과 건강 악화로 매우 힘겨운 시간을 보냈다. 그가 영적으로 어두운 터널을 지날 때, 동료 맥카티 선교사의 편지 한 장이 그의 영혼을 불일 듯 일어나게 했다.

"어떻게 하면 믿음이 강해질까요? 믿음을 가지려고 애쓰는 게 아니라 신실한 주님 안에서 그저 안식하면 됩니다."

이 편지를 읽을 때 하나님께서 요한복음 15장 포도나무 비유를 조명해 주셨고, 허드슨 테일러의 인생은 이날 이후 완전히 바뀌었다. 그의 모든 사역은 가지가 포도나무에 붙어 있듯이 주님께 붙어 있는 삶이었다.

가지인 자신이 포도나무이신 주님께 붙어 있으면 주님의 놀라운 공급을 받게 됨을 그의 온 영혼이 깨달은 것이다.

그는 후원자의 돈에 의지하지 않고 철저한 믿음으로 선교 사역을 감당하며 '믿음 선교'(faith mission)의 시초가 되었다. 그 결과, 중국 곳곳에 교회와 병원이 세워지는 놀라운 일이 일어났고, 그를 지켜보던 많은 청년들이 선교사로 자원하여 중국 선교회가 결성되었다.

이 영적 비밀을 전수받은 그의 자손은 4대에 걸쳐 선교사로 헌신하고 있다. 우리가 예수님에게 꼭 붙어 있을 때, 기름부음이 우리 영혼육과 사역에 감당할 권능을 주신다.

일에 스며드는 성령

성령님은 우리 영에 자리하고 계신다. 그 영이 혼으로, 육으로 우리 일과 일터로 흘러가야 한다. 이것을 보여주는 성경의 장면이 있다.

모세가 이스라엘 자손에게 이르되 볼지어다 여호와께서 유다 지파 훌의 손자요 우리의 아들인 브살렐을 지명하여 부르시고 **하나님의 영을 그에게 충만하게 하여 지혜와 총명과 지식으로 여러 가지 일을 하게 하시되** 금과 은과 놋으로 제작하는 기술을 고안하게 하시며 보석을 깎아 물리며 나무를 새기는 여러 가지 정교한 일을 하게 하셨고 출 35:30-33

하나님께서 브살렐을 부르시고 성전에 필요한 도구를 만들게 하셨다. 먼저 그를 성령으로 충만하게 하셨고, 성령님은 그의 영을 통해 혼의 영역인 지혜와 총명과 지식과 재주에 스며들어 가셨다. 성령님이 영에서 혼으로 흘러가시는 모습이다. 그리고 금과 은과 놋으로 제작하는 기술을 고안하여 정교한 일을 하게 하셨다. 성령님이 브살렐의 일까지 스며들어 가신 것이다.

하나님이 우리에게 주신 성령은 내 영만을 다루시지 않는다. 내 영혼육과 일까지 관여하기를 원하신다. 우리는 성령의 스며듦, 즉 기름부음을 꼭 받아야 한다. 예수님도 승천하시기 전에 성령이 임하면 권능을 받으라고 말씀하셨다.

오직 성령이 너희에게 임하시면 너희가 권능을 받고 예루살렘과 온 유대와 사마리아와 땅끝까지 이르러 내 증인이 되리라 하시니라 **행 1:8**

주님이 주시겠다는 "권능"의 헬라어 '두나미스'(δύναμις)는 '영성'(spirituality)과 '역량'(capacity)이라는 뜻이 있다. 즉, 성령이 임하시면 하나님과 교제하는 영적 능력을 주시고, 일을 잘할 수 있는 역량도 주신다는 것이다.

내가 사역하는 교회의 한 집사님은 대학생 때부터 비즈니스 선교의 부르심을 받았다. 공산권 국가에서 비즈니스 선고를 하기 위해 언어와 여러 가지를 준비했다. 그리고 마침내 그곳에서 사업을 했지만, 두 번이나 망했다. 낙심한 채 한국으로 돌아와 하나님께 기도하면서 세 번째 비즈니스를 어떻게 해야 할지 간구했다.

그러던 어느 날, 구역예배를 드리다가 한 성도의 입에서 "이런 날씨에는 콩국수가 제격이죠"라는 말을 들었다. 그는 '콩국수'가 하나님의 응답이라 여기고 전국을 다니며 콩국수 요리법을 찾았고, 선교를 가기 전에 기도원에서 하나님께 두 손을 올리고 기도했다.

'하나님, 이 두 손으로 그 나라 사람들의 입맛을 사로잡을 면발을 뽑게 해주십시오!'

하나님이 이 기도를 들으시고, 그 두 손에 정말 맛있는 콩국수를 만들 권능을 허락하셨다. 세상 말로 대박이 난 것이다. 그 집사님은 그 돈으로 지하 신학교를 세워 많은 현지 목회자를 양성했고, 그 신학생들이 곳곳에 교회를 세웠다.

하나님은 우리 두 손에 이처럼 기름을 붓길 원하신다. 지금 두 손을 내밀고 기도해 보라. 당신에게 필요한 기름부음을 달라고 기도하라. 우리 일에 하나님의 기름부음이 나타나도록 기도하라.

회개와 기름부음

내가 처음 성령의 기름부음을 경험한 건 청년 때였다. 하나님께서는 매우 구체적인 회개를 하게 하셨다.

당시 중3 남학생의 과외를 했는데, 누나인 여대생이 너무 예뻤다. 그래서 나는 과외를 하러 갈 때마다 마음을 지키기 위해 금식하곤 했다.

또 한번은 무인 자판대에서 500원짜리 신문을 400원만 내고 가져왔는데, 그날 하나님께서 밤새도록 회개시키셔서 다음 날 가서 100원을 넣은 적도 있다. 관계가 불편한 형제에게 편지와 돈을 넣어 보내기도 했다. 평소 나라면 도저히 할 수 없는 일이었다.

그렇게 회개가 계속되던 어느 날, 간절히 기도하는데 하늘에서 기름인지 뜨거운 물인지 모를 것이 쏟아졌다. 일주일 내내 그랬다. 참 신기했다. 그때는 그게 뭔지 전혀 몰랐다. 나중에 알고 보니 성령의 기름부음이었다.

그러고 나서 이상한 일이 일어났다. 당시 청년회장이었던 내가 청년부실에 들어가면, 청년들이 밥을 먹거나 놀다가도 내가 무슨 말을 하면 갑자기 무릎을 꿇고 기도하며 울고 부르짖었다. 이런 일이 계속되었다.

그러던 어느 날, 담임목사님이 나를 부르셨다.

"자네, 신학대학원에 들어갔으니 대학부를 맡아보지."

당시 대학부에는 5명밖에 없었다. 교사와 갈등을 겪은 청년들이 다 교회를 떠났고, 곧 고등학교 3학년 20명이 대학부로 올라올 예정이었다. 그런데 다른 교회로 옮긴다는 말이 많았다. 나는 고3 졸업 예배에 찾아가 딱 한 번만 청년부 예배를 드려달라고 부탁했다.

그다음 주에 고3 아이들이 대학부 예배를 드리러 왔다. 30년 전의 일인데도 나는 그날의 설교 제목을 기억하고 있다. '중간평가'라는 설교였다. 그들의 신앙을 점검하라는 말씀이었다. 그리고 그날 성령님의 강한 기름부으심이 임했다. 얼마나 뜨거웠는지 지금도 아이들이 손에 손을 잡고 눈물을 흘리며 회개하던 모습이 눈에 선하다. 결국 아이들 모두 대학부로 올라왔고, 1년이 안 되어 그 수가 80여 명으로 늘어났다.

오후 4시에 시작된 예배가 밤 10시가 되어서야 끝났다. 긴 예배가 몇 개월간 계속되자, 담임목사님이 나를 따로 부르셨다.

"자네가 처음 사역해서 잘 모르는 것 같은데, 예배를 1시간 안에 끝내도록 하게."

그러나 예배 시간을 통제할 수가 없어서 6시간 예배를 이어갔다. 그러다 담임목사님도 대학부에 있던 딸이 변화되는 걸 보고, 권사님들에게 밤 10시에 대학부 아이들이 밥을 먹고 가도록 식사 준비를 부탁하셨다.

　성도들은 물론 다른 교회 학생들까지 대학부 예배에 찾아왔다. 그때 임했던 성령의 기름부음은 내 첫 사역에 매우 큰 힘이 되었다.

Chapter 16

성령의 나타나심

영혼의 공사가 진행되면 내 속에서 생수의 강이 흐르기 시작한다(요 7:38). 내 삶에 성령님이 다양하게 역사하시며, 나와 성령님과의 영적 교통이 시작되고, 내 일에 기름부음이 스며들기 시작한다.

물론 이런 일들이 실제 내 삶에 나타나려면 적절한 교육과 훈련이 필요하다. 이 책을 쓰는 이유도 바로 이런 차원에서 신자들을 돕기 위함이다.

성령이 내 안에서 흘러나오는 또 다른 현상 중 하나가 '은사'이다. 은사는 성령의 나타나심이다.

은사를 나타내심

은사는 여러 가지나 성령은 같고 직분은 여러 가지나 주는 같으며 또 사역은 여러 가지나 모든 것을 모든 사람 가운데서 이루시는 하나님은 같으니 각 사람에게 **성령을 나타내심**은 유익하게 하려 하심이라 고전 12:4-7

하나님께서는 고난의 훈련과 영적 공사를 통해 우리를 육의 사람에서 영의 사람으로 바꾸시고, 각자 부르심에 합당한 은사를 주신다. 성령님은 모든 신자에게 각각 다른 은사를 나눠 주신다(고전 12:11).

요한복음 7장 38절에 나오는 "생수의 강"은 원어에는 '강들'(potamoi), 곧 복수형으로 표기되어 있다. 은사는 한 가지에 머무르지 않고 계속 개발된다. 성도는 교육과 훈련을 통해 은사를 개발하면서 교회와 세상을 살리는 귀한 도구로 쓰임 받는다.

내가 경험한 은사

앞서 말했듯 대학교 3학년 때 장로교 교회에 다녔다. 그곳에서 영적 현상을 체험했지만, 다양한 은사에 대해 체계적인 가르침을 듣거나 배운 적은 없었다. 그저 예배드리고 성실히 봉사하면 신앙생활을 잘하는 것이라고 생각했다.

그러다 졸업 후 은행에 취업하고 순복음교회로 옮겼다. 거기서 처음 만난 분이 성가대 총무님이었다.

"안녕하세요?"라고 갈을 건네자 총무님은 바로 "어? 테너네"라고 말했고, 나는 그날로 성가대 테너가 되었다. 그런데 목소리는 좋았지만 노래는 잘 못했다. 고음과 저음을 제대로 내기가 어려웠다. 4년 동안 노래 못하는 성가대원의 서러움을 온몸으로 겪으며 청소하고 찬송가 책을 정리했다.

그러다 신대원에서 만난 성가대 대장님이 "성가 연습이 끝나면 20분 동안 성경 공부를 좀 인도해주게"라고 부탁하셨다. 이때 처음으로 성경을 가르치게 되었다.

그런데 성경 공부 첫날부터 반응이 너무 좋았다. 찬양보다는 성경 공부 인도가 적성에 맞아서 전도사가 될 때까지 몇 년간 지속했다. 이 일을 통해 내게 '가르침의 은사'가 있음을 깨달았다.

이후 내 신앙생활은 새로운 차원으로 나아갔다. 그때 발견한 가르침의 은사가 40년이 다 되도록 내 사역의 중심이 되고 있다.

로버트 클린턴의 6단계 이론

로버트 클린턴은 풀러신학교의 선교대학원 리더십 교수였다. 그가 쓴 《영적 지도자 만들기》는 미국 목회자 2천 명의 삶을 '은사'라는 시각으로 분석한 아주 탁월한 책이다.

그는 소천한 목회자 2천 명의 인생을 분석하여 하나님께서 주의 종의 인생을 통해 은사를 개발하시는 과정을 6단계로 나누어 설명했다.

1. 정지 단계 → 2. 인성 계발 단계 → 3. 사역 시작 단계
→ 4. 성숙 단계 → 5. 수렴 단계 → 6. 축제 단계

1. 정지(整地) 단계

어린 시절부터 주님을 만나 거듭날 때까지의 일생 주기를 말한다. 하나님께서 한 개인에게 주권적으로 토대를 다지시는 기간이다.

인생의 기초 요소인 성품, 가정환경 등을 통해 일생을 정지 작업하신다. 남자로 태어나는가 여자로 태어나는가, 가난한 집에서 태어나는가 부유한 집에서 태어나는가, 이 모든 것이 하나님의 정지 작업이다.

2. 인성 계발 단계

회심으로 시작되며 하나님을 사모하게 된다. 보통 이 단계에서 은사를 발견한다. 은사는 하나님의 선물이다. 나는 성가대에서 찬양의 은사는 없지만, 가르침의 은사가 있음을 발견했다. 기본적인 사역 가르침의 단계이다. 이 단계에서는 은사 활용보다 우리의 인격과 성품을 다듬어 가신다.

3. 사역 시작 단계

내가 발견한 은사를 사용하면서 다른 사람을 돕기 시작하는 단계이다. 나는 "성경을 가르쳐달라"라는 말을 가장 많이 들었다. 그래서 성가대 성경 공부 외에도 대학생을 중심으로 한 성경 공부도 인도했다.

또 다른 예로 '중보기도' 은사가 있는 사람은 기도해달라는 부탁을 받고, '권면'의 은사가 있는 사람은 상담 요청을 받으면서 타인을 위해 은사를 사용하게 된다.

하나님은 이 단계에서 우리를 신학교 같은 정규 과정으로 보내시거나 세미나 같은 단기 비정규 훈련을 통해 은사를 다듬어 가신다.

4. 성숙 단계

은사를 효율적으로 파악하고 사용하는 단계로, 잠재해 있던 다른 은사가 발견된다. 즉, '복합 은사'(gift mix)를 이룬다. 은사에 또 다른 은사가 접목되어 효율적인 은사 활용이 일어나는 것을 말한다.

내 경우는 가르치는 은사로 성경 공부를 인도하면서 상담을 통한 치유의 은사도 나타났다. 사람들이 내게 상담받기를 원했고, 상담하다가 기도하면 치유가 일어나곤 했다. 몸과 마음이 치유되고, 어떤 경우에는 축사가 일어나기도 했다. 이 치유 은사는 가르치는 은사와 더불어 지금까지 내 사역의 중심이다.

다른 예로, 다른 사람을 위해 기도를 하늘로 쏘아 올리는 중보자 역할을 충실히 하다 보면 하늘에서 감동이 임한다. 자연스럽게 예언의 은사가 덧입혀진다. 이것이 복합 은사이며, 이 단계로 가면 신앙생활에 탄력을 받아 많은 이를 섬기고 살릴 수 있게 된다.

5. 수렴 단계

이 단계에 이르면 '은사군'(gift group), 여러 은사가 그룹을 이루어 나타난다. 내 경우, 가르치는 은사와 치유 은사 그리고 다스리는 은사가 그룹을 이루어 쓰임 받고 있다.

16년 전, 담임목사로 취임한 순복음대구교회는 한때 대구에서 가장 큰 교회였지만, 당시 성도가 뿔뿔이 흩어지고 빚도 많은 상태였다. 이후 하나님의 은혜로 교회는 영적으로나 재정적으로 풍족하게 회복되었다.

주님이 담임목사인 내게 주시고 다듬어오신 가르치는 은사, 치유하는 은사, 다스리는 은사를 잘 활용한 덕분이다. 은사가 그룹을 이루면 더 닮은 범위에서 쓰임 받게 된다.

그래서 이 기간을 '수렴 단계'라고 한다. 클린턴은 이 기간에 인격과 은사가 조화를 이루어 사역이 극대화된다고 주장한다. 인격의 성숙과 사역 성장이 만나 신앙생활의 황금기를 이룬다는 것이다.

6. 축제 단계

열매와 성장으로 인정받는 단계이며, 회상 단계이기도 하다. 일생 활용한 은사 경험을 통해 광범위하게 영향을 끼치게 된다. 하나님께서는 성도가 아름다운 마무리를 하게 하신다.

요셉의 인생에 나타난 은사 개발

한 사람의 일생에 은사가 어떻게 발견되고 개발되는지 요셉의 인생을 통해 살펴보려고 한다. 은사의 시각으로 자신의 일생을 돌아보면 유익할 것이다.

1. 요셉의 정지 단계

하나님은 요셉의 어린 시절에 특별히 꿈을 주셨다. 꿈은 그의 일생에 연결고리가 되며, 그가 하나님께 쓰임 받는 결정적 은사가 된다.

요셉이 꿈을 꾸고 자기 형들에게 말하매 그들이 그를 더욱 미워하였더라 요셉이 그들에게 이르되 청하건대 내가 꾼 꿈을 들으시오 우리가 밭에서 곡식 단을 묶더니 내 단은 일어서고 당신들의 단은 내 단을 둘러서서 절하더이다 그의 형들이 그에게 이르되 네가 참으로 우리의 왕이 되겠느냐 참으로 우리를 다스리게 되겠느냐 하고 그의 꿈과 그의 말로 말미암아 그를 더욱 미워하더니 요셉이 다시 꿈을 꾸고 그의 형들에게 말하여 이르되 내가 또 꿈을 꾼즉 해와 달과 열한 별이 내게 절하더이다 하니라 그가 그의 꿈을 아버지와 형들에게 말하매 아버지가 그를 꾸짖고 그에게 이르되 네가 꾼 꿈이 무엇이냐 나와 네 어머니와 네 형들이 참으로 가서 땅에 엎드려 네게 절하겠느냐 **창 37:5-10**

2. 요셉의 인성 계발 단계

요셉은 형들에게 배반당해 애굽의 노예로 팔려 가 보디발의 노예가 된다. 그런데 요셉에게 하나님이 함께하심을 본 주인이 그를 가정 총무로 삼는다. 장차 한 나라의 총리가 될 요셉에게 행정의 은사가 나타나는 순간이다.

> 요셉이 그의 주인에게 은혜를 입어 섬기매 그가 요셉을 가정 총무로 삼고 자기의 소유를 다 그의 손에 위탁하니 그가 요셉에게 자기의 집과 그의 모든 소유물을 주관하게 한 때부터 여호와께서 요셉을 위하여 그 애굽 사람의 집에 복을 내리시므로 여호와의 복이 그의 집과 밭에 있는 모든 소유에 미친지라 창 39:4,5

3. 요셉의 사역 시작 단계

꿈쟁이 소리를 듣던 요셉이 노예로 팔리지만, 하나님이 함께하셔서 보디발의 가정 총무로 쓰임 받게 하신다. 그 결과, 요셉으로 인해 보디발의 집에 복이 임한다. 또한 간수장이 요셉의 은사를 보고 옥중 죄수들을 요셉의 손에 맡기는 일이 일어난다.

> 이에 요셉의 주인이 그를 잡아 옥에 가두니 그 옥은 왕의 죄수를 가두는 곳이었더라 요셉이 옥에 갇혔으나 여호와께서 요셉과 함께하시고 그에게 인자를 더하사 간수장에게 은혜를 받게 하시매 간수장이 옥중 죄수를 다 요셉의 손에 맡기므로 그 제반 사무를 요셉이 처리하고 간수장은 그의 손에 맡긴 것을 무엇이든지 살펴보지 아니하였으니 이는 여호와께서 요셉과 함께하심이라 여호와

4. 요셉의 성숙 단계

그러나 보디발의 아내의 유혹을 뿌리친 결과 요셉은 또 한 번 추락을 경험한다. 죄수 신분으로 감옥에 가게 된 것이다. 그런데 그곳에서 요셉의 행정 은사가 더욱 개발되고, 더불어 해몽의 은사가 접목되어 사람들을 돕기 시작한다. 요셉에게 복합 은사가 나타나기 시작한 것이다.

그들이 그에게 이르되 우리가 꿈을 꾸었으나 이를 해석할 자가 없도다 요셉이 그들에게 이르되 해석은 하나님께 있지 아니하니이까 청하건대 내게 이르소서 … 바로의 술 맡은 관원장은 전직을 회복하매 그가 잔을 바로의 손에 받들어 드렸고 떡 굽는 관원장은 매달리니 요셉이 그들에게 해석함과 같이 되었으나 창 40:8,21,22

보디발 집안의 가정 총무를 경험하고, 어린 시절 꿈쟁이었던 그가 갇힌 고위공직자의 꿈을 해석하는 은사를 발휘하면서 사람들을 섬기게 된다. 그러나 요셉의 해몽으로 복직한 술 관원은 그를 잊고 만다(창 40:23). 2년간 잊힌 것 같았던 요셉은 그의 인격이나 은사 면에서 더 성숙해진다.

5. 요셉의 수렴 단계

2년간 감옥에 더 더물다가 바로 앞에 선 요셉의 입술에서 애굽을 살릴 엄청난 지혜의 말이 쏟아져 나온다. 그는 큰 위기를 만날 애굽을 구원할 물류 관리, 인사 관리, 세금 관리까지 아우르는 실질적 정책을 말한다. 은사군이 형성된 모습이다. 이 도습을 본 바로의 입에서는 감탄의 말이 튀어나온다.

바로가 그의 신하들에게 이르되 이와 같이 하나님의 영에 감동된 사람을 우리가 어찌 찾을 수 있으리요 하고 창 41:38

6. 요셉의 축제 단계

바로도 요셉의 모습 속에서 성령의 나타나심을 본다. 아버지 야곱 품에 안겨 꿈만 꾸던 요셉에게 이 같은 성령의 은사가 나타난 것이다. 이는 으리 믿음의 조상인 아브라함과 이삭도 들었던 말이다(창 21:22).

하나님은 요셉을 노예로도 팔리게 하시고, 누명을 쓰고 감옥에 가는 것도 허락하셨다. 그리고 결국은 따듯한 인성과 은사가 나타나는 인생이 되어 가정을 살리고 애굽을 살리는 자로 살게 하셨다. 성령이 나를 통해 나타나면 살아나는 역사가 일어난다.

이제 당신 차례!

성령님은 당신의 삶에도 나타나길 원하신다. 바울은 은사가 없는 사람은 없다고 말한다(고전 12:7,11 ; 엡 4:7). 당신 인생 초반에 하나님이 예비하신 특성이 있는지 살펴보라. 예수를 믿고 나서 발견된 은사는 무엇인가.

요한복음 7장 38절에서 약속하신 생수의 강은 단수가 아니라 복수라고 했다. 즉, 하나가 아닌 복합 은사를 주신다고 설명한다. 내 은사에 접목되어 나타나는 복합 은사는 무엇인지 살펴보라. 그리고 은사군이 형성되어 멋지게 쓰임 받기를 기도하자.

만약 은사가 나타나지 않는다면 이 책 1, 2부에서 다룬 영혼의 치유와 영혼의 공사를 다시 보면서, 성령의 나타나심을 막는 것이 무엇인지 살펴보라.

Chapter 17

성령의 살리심

예수 믿는 우리 안에는 생수의 강이 흐른다. 생수의 강을 풀어보면 '생명의 물로 이루어진 강'이다. 생명은 '살리는 은혜'이다. 그래서 우리 영혼의 치유와 공사가 끝나면 내 안에 계신 성령님이 나를 통해 살리는 일을 하신다. 그 후 나를 통해 가정과 교회와 세상을 살리신다.

천국 생수의 강

요한복음 7장 38절에 나오는 생수의 강은 천국에도 있다. 이 강이야말로 진짜 생수의 강이요, 만국을 치료하는 강이다. 사도 요한은 이 생수의 강을 이렇게 묘사한다.

'요한이 본 이 생수의 강물을 한 모금이라도 마실 수 있다면 얼마나 좋을까!'

가끔 이런 생각이 든다. 이 생명의 강이 바로 성령의 강이다. 성경은 "성령"을 '보증'이라고 하고, 보증은 헬라어로 '아라본'(ἀρραβών)이다. 이 단어는 지불 약속으로 예치된 돈을 말한다.

즉, 천국을 이 땅에서 맛보게 해주신 것이 성령님이시다. 천국에 흐르는 거대한 생수의 물맛을 이 땅에서도 맛볼 수 있다. 이 생수의 강이 나를 살리고, 나를 통해 만국을 치료한다. 이 생수의 강은 에스겔서 47장 8,9절에도 나오는데, 성전에서 흘러나오는 강물이 흐르는 곳마다 살리는 역사가 일어난다.

그가 내게 이르시되 이 물이 동쪽으로 향하여 흘러 아라바로 내려가서 바다에 이르리니 이 흘러내리는 물로 그 바다의 물이 되살아나리라 이 강물이 이르는 곳마다 번성하는 모든 생물이 살고 또 고기가 심히 많으리니 이 물이 흘러 들어가므로 바닷물이 되살아나겠고 이 강이 이르는 각처에 모든 것이 살 것이며 **겔 47:8,9**

성전에서 흐르는 생수의 강은 이르는 곳마다 만물을 살린다. 그리고 성경은 우리가 '하나님의 성전'이라고 강조한다(고전 3:16).

살리는 삶

우리 속에 살리는 생수의 강이 흐르는 것을 안다면, 누군가를 살리는 마음 자세로 살아야 한다. 예수께서 친히 그 모범을 보여주셨다. 예수님이 산상수훈을 마치신 후 한 나병환자가 찾아왔다. 당시 문화에서 '부정한 자'로 낙인찍힌 나병환자는 일반인 앞에 함부로 나올 수 없었다. 만약 가까이 오면 돌에 맞아 죽을 수도 있는 상황이었다.

그러나 그는 예수님 앞에 나아와 자기를 깨끗하게 해달라고 간구했다. 당시로서는 상상할 수 없는 요구를 한 것이다. 그런데 예수님은 뜻밖의 반응을 보이신다.

예수께서 산에서 내려오시니 수많은 무리가 따르니라 한 나병환자가 나아와 절하며 이르되 주여 원하시면 저를 깨끗하게 하실 수 있나이다 하거늘 예수께서 손을 내밀어 그에게 대시며 이르시되 내가 원하노니 깨끗함을 받으라 하시니 즉시 그의 나병이 깨끗하여진지라 마 8:1-3

나병환자를 보면 감염을 염려해 뒤로 물러나거나 도망치는 게 상식이었는데, 예수님은 그에게 가까이 나아가 손을 내미셨다. 그때 예수님 안에 있던 생수의 강이 나병환자에게 흘러갔다. 그리고 놀라운 치유가 임해 그는 깨끗함을 입었다. 이것이 우리가 취해야 할 태도이다.

우리 주위에 즐비한 나병환자 같은 사람들에게서 도망치거나 멀어지는 게 아니라, 그들에게 손을 내밀어 내 안에 흐르는 생수의 강물을 흘려보내야 한다.

가정을 살리시는 성령님

그 나머지 사람들에게 내가 말하노니 (이는 주의 명령이 아니라) 만일 어떤 형제에게 믿지 아니하는 아내가 있어 남편과 함께 살기를 좋아하거든 그를 버리지 말며 어떤 여자에게 믿지 아니하는 남편이 있어 아내와 함께 살기를 좋아하거든 그 남편을 버리지 말라 믿지 아니하는 남편이 아내로 말미암아 거룩하게 되고 믿지 아니하는 아내가 남편으로 말미암아 거룩하게 되나니 그렇지 아니하면 너희 자녀도 깨끗하지 못하니라 그러나 이제 거룩하니라

고전 7:12-14

사도 바울이 이 서신서를 쓸 당시 고린도교회 안에는 부부 중 한쪽만 예수를 믿는 경우가 많았다. 성적 타락과 우상 숭배가 심했던 고린도 지역에서 홀로 예수님을 믿고 신앙을 지키는 게 너무 힘들어 이혼을 결심한 성도가 있었다. 바울은 그들에게 배우자를 버리지 않고 견딜 때, 생수의 강이 믿지 않는 상대를 거룩하게 할 수 있다고 말한다.

우리 안에 예수님이 사시기 때문이다. 믿음으로 반응할 때 내가 아닌 내 안에 흐르는 생명의 강물이 배우자를 변화시킬 수 있다고 분명히 가르친다.

14절에 보면 자녀 문제도 "너희 자녀도 깨끗하지 못하니라

그러나 이제 거룩하니라"라고 말씀한다. 당시 자녀 중에 혼혈아가 많았다고 한다. 유대 사회에서 혼혈아는 저주받은 존재였다. 그러나 이런 자녀도 사랑으로 끌어안으면 내 안에 계신 성령님의 은혜로 자녀도 결국 거룩하게 된다는 것이다. 내 안에 생수의 강이 흐른다는 믿음의 능력이 가정과 세상을 살리는 것이다.

실제로 성도들 가운데 한 사람의 성령충만한 삶이 온 가족을 변화시키는 놀라운 역사를 보곤 한다. 절대로 가족을 포기하면 안 된다. 우리 안에 계신 성령님은 살리는 영이요 하나님의 강력한 영이시다. 성령님을 모시고 성령님 따라 말하고 움직이고 순종하다 보면 선교지에서 한 부족이 주께로 돌아오듯, 한 가정이 주께로 돌아오고 변화된다.

일터와 세상을 살리시는 성령님

오직 성령이 너희에게 임하시면 너희가 권능을 받고 예루살렘과 온 유대와 사마리아와 땅끝까지 이르러 내 증인이 되리라 행 1:8

이 말씀을 오늘날에 대입하면 가정과 교회와 일터, 즉 세상에서 증인이 되라는 말씀이다. 나는 지난 17년간 CBMC(한국기

독실업인회) 세종, 광화문지회 지도목사로 사역하며 많은 실업인
과 전문인이 일을 통해 세상을 살리는 모습을 봐왔다. 직원들
과 거래처를 살리고, 일을 통해 선교지 마을을 살리는 간증을
가까이에서 보고 들었다.

일은 단순히 돈을 버는 수단이 아니다. "Business as
Mission"(비즈니스 선교)이라는 개념이 나온 지도 오래되었다. 일
터가 바로 선교지가 되었다. 나를 통해 일터가 살아나고, 일터
를 통해 세상이 살아나는 것이다.

> 하나님이 그에게 이르시되 나는 전능한 하나님이라 생육하며 번
> 성하라 한 백성과 뻗성들의 총회가 네게서 나오고 왕들이 네 허리
> 에서 나오리라 내가 아브라함과 이삭에게 준 땅을 네게 주고 내
> 가 네 후손에게도 그 땅을 주리라 하시고 **창 35:11,12**

하나님께서 야곱에게 주신 언약의 말씀이다. 그에게 땅을 주
실 것이고 이를 통해 많은 사람들이 하나님의 백성으로 거듭 태
어날 것을 말씀하신 내용이다. 여기서 땅은 부동산 개념이 아
니라 '무대'를 말한다고 많은 신학자들이 해석한다.

느헤미야에게는 공무원의 일이 무대였고, 에스더에게는 왕궁
이 무대였다. 수도원 주방에서 일하던 로렌스 형제에게는 주방
이 무대였다. 그곳에서 경험한 성령의 임재와 그의 경험은 책으

로 엮어, 수많은 사람을 변화시켰다. 성령님은 일터를 무대 삼아 많은 영혼을 살리기를 원하신다.

교회를 살리시는 성령님

앞서 나눈 것처럼 내가 순복음대구교회에 담임목사로 취임할 때 교회 형편이 말이 아니었다. 성도들의 마음도 상처로 얼룩져 있었다. 그 상황에서 어떻게 사역해야 할지 너무도 암담했다.

'이런 교회에서 어떻게 목회한단 말인가!'

너무도 힘든 시간이었다. 계속되는 영적 전쟁에 내 몸과 마음이 지쳐갔다. 그러던 어느 날, 새벽예배 후 성전에 남아 기도하는데 성령님의 음성을 들었다. '수혈'이란 딱 한 단어였다. 나는 성령께 다시 여쭈었다.

'수혈이 뭔가요?'

'이 교회가 상처받아 피를 철철 흘리고 있으니 빨리 수혈해야 한다.'

평소처럼 예배를 드리는 것보다 성령충만한 목사님을 모시고 교회를 치유하라는 구체적인 전략도 주셨다. 나는 감사한 마음으로 성령님의 음성에 순종했다. 이후 하나님께서는 좋은 강사님들을 교회에 보내주셨다.

어느 때는 기국에서 30여 명의 치유 사역자가 자비로 우리 교회에 오셔서 교회와 성도를 위해 기도해 주셨다. 고마운 마음에 경주 관광을 보내드렸는데, 가는 길에 성령께서 '관광할 때가 아니다'라고 말씀하셨다면서 다시 교회로 돌아와 간절히 기도하시기도 했다.

그렇게 수혈하라는 말씀에 순종한 지 2년 만에 출석 성도가 두 배로 늘었고, 영적, 재정적으로도 놀라운 회복이 일어났다. 우리 교회는 서거나교회처럼 죽었다가 살아났다. 주위에서 '어떻게 이렇게 빨티 회복될 수 있지?' 하고 놀라워 했다.

물론 살리시는 성령님의 도움을 받았기 때문이다. 이처럼 성령님의 생수의 강이 우리 안에서 가정과 교회, 일터와 세상으로 흘러가야 한다.

Chapter 18

계속 흘러가게 하라

이 책에서 요한복음 7장 38절 한 절을 자세히 다루었다. "나를 믿는 자는 … 그 배에서 생수의 강이 흘러나오리라"에서 "흘러나오리라"라고 번역된 헬라어 '류수신'(ρεύσουσιν)이라는 단어는 미래 능동 직설법이다.

성경은 우리 속에서 흐르는 성령을 생수의 강이라고 표현한다. 강은 고여 있는 연못이 아니라 흐르는 물이다. 지금 보는 강물은 어제의 강물이 아니다. 강물은 계속 새롭게 흐르는 물이다. 내 안에 계신 성령님의 역사가 강물처럼 새롭고 신선하게 흘러가야 한다.

그런데 성도의 모습은 강이 아니라 연못 같다. 어떻게 하면 신선한 성령의 은혜를 날마다 누리며 살 수 있을까?

성령과 기도

예수님이 살아 계실 때 성령의 은혜를 누리는 기도 방법을 자세히 가르쳐 주셨다.

예수님은 기도할 때 "구하라 찾으라 두드리라"라고 하신다. 먼저 구하고, 찾고, 두드린 다음 하나님이 우리에게 좋은 것으로 응답하시는 아버지이심을 가르치신다. 그다음 성령을 주시는 하나님의 약속을 말씀하신다.

이 구절에 성령충만을 구하는 우리가 꼭 배워야 할 기도에 관한 교훈이 담겨 있다. 성령의 은혜를 계속 누리지 못하는 이유 중 하나는 그저 '구하기'만 하기 때문이다. 구하고 찾고 두드려야 하는데, 성령충만을 구하다가 응답을 못 받으면 포기하는 경우가 많다. 그러나 계속 구하고, 찾고, 두드려야 한다.

- 구하라(아이테오, αἰτέω) : 구하다. 요청하다. 달라고 하다.
- 찾으라(제테오, ζητέω) : 찾다. 추구하다. 얻으려 애쓰다. 연구하다. 물어보다.
- 두드리라(크루오, κρούω) : 두드리다. 노크하다. 끝까지 기도하다.

구하라

성령이 충만해지려면 간절히 기도해야 한다. 하나님은 성령을 부어주시기 전에 우리를 간절하게 만드신다. 제자들도 성령으로 충만하기 전에 그렇게 기도했다. 예수님이 자신들을 떠나시고 기독교에 대한 핍박이 거세지는 상황에서 제자들은 간절히 기도할 수밖에 없었다.

여자들과 예수의 어머니 마리아와 예수님의 아우들과 더불어 마음을 같이하여 오로지 기도에 힘쓰더라 행 1:14

처음 성령을 받은 열두 제자와 백이십 문도가 간절히 기도한 배경에는, 영적인 이유도 있지만 독특한 기후 요인도 한몫했다. 이스라엘은 지중해성 사막 기후로, 10-11월경 이른 비가 내리면 씨를 뿌리고, 3-4월경 늦은 비가 내리면 추수를 시작한다. 그래서 우리나라처럼 쌀농사만 짓지 않는다. 보리와 밀, 올리브와 각종 과실, 그리고 포도까지 다양한 작물을 재배한다.

각 열매에 적합한 기후가 따로 있기에, 이스라엘 백성은 오순절 기간 50일 동안 하나님 앞에 특별한 기도를 간절히 드릴 수밖에 없었다. 유월절부터 오순절까지 50일 동안 매일 알맞은 날씨를 간구했다. 유월절쯤 추수한 보리 한 단을 매일 주님 앞에 요제로 드리면서, 각 작물 농사에 적합한 바람이 불도록 기도하곤 했다. 유월절 다음날부터 오순절까지 매일 날수를 세며 50일간 기도하는 것을 '오멜 카운트'라고 한다.

예를 들어, 처음에는 밀 추수를 위해 남동풍이 불어야 했다. 그래야 밀이 올바로 추수되기 때문이다. 만약 북서풍이 불면 밀 농사는 망하고 만다. 그리고 여러 작물의 열매가 맺기 위해서도 적합한 바람이 불어야 했다.

과학이 발달한 오늘날도 날씨를 인위적으로 바꾸는 건 불가능하다. 하물며 2천 년 전 유대인들은 어땠겠는가. 하늘을 바라보며 간절히 기도할 수밖에 없었고, 그것이 성령 강림하기 전

오순절을 지내던 유대인들의 기도하는 모습이기도 했다.

백이십 문도는 영적으로 갈급한 상황에서 기후적인 간절함까지 겹쳐 절실히 기도했다. 이런 기도 가운데 하늘에서 바람이 불어왔다. "급하고 강한 바람"이었다. 인류를 살리고 성도를 알곡으로 만드시려는 성령의 바람이 분 것이다.

홀연히 하늘로부터 급하고 강한 바람 같은 소리가 있어 그들이 앉은 온 집에 가득하며 행 2:2

간절하게 구하는 것이 바로 성령충만의 비결이다. 그래서 하나님은 우리를 먼저 간절하게 만드신다. 칼빈은 이사야서 40장 6,7절 말씀에 대해 '성령충만을 받는 자세'라고 해석했다.

말하는 자의 소리여 이르되 외치라 대답하되 내가 무엇이라 외치리이까 하니 이르되 모든 육체는 풀이요 그의 모든 아름다움은 들의 꽃과 같으니 풀은 마르고 꽃이 시듦은 여호와의 기운이 그 위에 붊이라 이 백성은 실로 풀이로다 사 40:6,7

풀이 마르고 꽃이 시들 때 여호와의 기운, 곧 성령이 불어오듯 내 자랑이 그치고 예수님만 의지하며 간절히 성령의 은혜를 구할 때 비로소 성령의 바람이 불어온다. 또한 성령충만 안에 평생 거해야 한다. 어려서부터 생을 마감할 때까지 성령이 충만하길 계속 구해야 한다.

하나님은 성령을 모든 육체, 모든 나이에 부어주길 원하신다. 자녀들도, 젊은이들도, 늙은이들도 성령으로 충만해지길 원하신다. 성도는 일생토록 성령으로 충만해야 한다. "늙은이"로 번역된 헬라어 '프레스부테로이'(πρεσβύτεροι, presbyteroi)에서 '장로'(presbyter)라는 단어가 유래했다. 히브리어로는 '자켄'(זָקֵן, 늙다, 장로)으로 '영적으로 하나님과 깊은 교제를 누리는 사람'이라는 뜻이 있다. 또한 라틴어 어근 'sen'은 영어에서 존칭어인 'sir', 상원의원을 뜻하는 'senator', 연장자를 의미하는 'senior'라는 말의 뿌리가 되었다.

사실 성경에서 "늙은이"는 부정적인 표현이 아니라 일생을 하나님과 깊은 교제를 누린 완성된 인격체인 노인을 뜻한다. 따라서 늙어서도 성령으로 충만해야 하며, 나이가 들수록 더욱 성령충만해지기 위해 간절히 기도해야 한다.

찾으라

성령이 충만해지기 위해 구하기만 하면 안 된다. 주님이 직접 "찾아야 한다"라고 말씀하셨다. "찾으라"의 헬라어 '제테오'(ζητέω)는 '찾다, 추구하다, 얻고자 애쓰다, 연구하다, 물어보다'라는 뜻이 있다. 성령충만을 위해 기도하다가 안 된다고 중간에 멈추면 안 된다.

오래전 부흥회나 집회 때 경험한 사건으로 끝나지 않고 오늘도 성령충만하길 원한다면 계속 구하고 찾아야 한다. 하나님께 묻고, 성경을 찾아보고, 목회자들에게 물어야 한다.

특히 1, 2부에서 다룬 영혼의 치유와 영혼의 공사가 부실했는지 살펴봐야 한다.

평생 5만 번 기도 응답을 받은 조지 뮬러 목사가 좋은 예다. 보육원을 운영하며 수만 명의 고아를 돌본 그는 문제가 생길 때마다 이 원칙을 지켰다. 즉, 기도하기 전에 성경에서 약속의 말씀을 찾았다. 그리고 찾은 약속의 말씀을 붙들고 기도했고, 그때마다 하나님께서 신실하게 약속을 지키셨다고 한다. 기도만 하면 안 된다. 찾아야 한다!

우리나라 최초로 성령이 강하게 임한 사건은 1907년 평양 장대현교회 부흥회 때 일어났다. 처음에는 며칠간 이어진 부흥회 분위기가 냉랭했다고 한다. 그때 길선주 장로가 성도 앞에 나아가 천국에 먼저 간 친구가 그에게 맡기고 간 돈을 일부 착복한 사실을 공개 회개했다. 이어서 많은 성도가 회개하는 일이 벌어졌고, 갑자기 성전 안에 성령의 역사가 불일 듯 일어났다. 이것이 평양 대부흥의 시작이었다.

만약 지금 내 영적 상태가 냉랭하다면, 막연히 성령충만을 구하지 말고 찾아브라. 성령충만을 막고 있는 것이 무엇인지 성경 속에서 찾고, 목회자에게도 물어보라.

에베소교회는 첫사랑을 잃어버리고 믿음이 시들해졌다. 사도 요한을 통해 성령께서 말씀하신 치료책은 "생각해 보라"였다. 이 단어 '므네모네우오'(μνημονεύω)는 한 번 생각하고 잊어버리는 게 아니라 계속 깊이 생각하고 가슴에 새기는 행동을 말한다. 영적으로 반성하고 되돌아가는 행위이다. 어디서 떨어졌는지 생각하고 회개하라는 것이다.

만약 당신도 첫사랑이 식은 것 같다면 한번 생각해 보라. 어디서부터 그 사랑이 식었는지 깊이 생각해 보고, 다시는 그 때문에 마음이 식지 않도록 가슴 깊이 새겨보라.

두드리라

"두드리라"는 헬라어 '크루오'(κρούω)로 "두드리다, 노크하다, 끝까지 기도하다"라는 뜻이 있다. 즉, 성령충만을 위해 계속 끈기 있게 기도해야 함을 가르친다.

마치 밤중에 찾아온 친구를 위해 또 다른 친구의 집 문을 두드려 결국 떡을 얻은 것처럼 끝까지 기도해야 한다.

그가 안에서 대답하여 이르되 나를 괴롭게 하지 말라 문이 이미 닫혔고 아이들이 나와 함께 침실에 누웠으니 일어나 네게 줄 수가 없노라 하겠느냐 내가 너희에게 말하노니 비록 벗 됨으로 인하여서는 일어나서 주지 아니할지라도 그 간청함(ἀναίδεια)을 인하여 일어나 그 요구대로 주리라 내가 또 너희에게 이르노니 구하라 그러면 너희에게 주실 것이요 찾으라 그러면 찾아낼 것이요 문을 두드리라 그러면 너희에게 열릴 것이니 눅 11:7-9

설교자 찰스 스펄전은 "끈질기지 않은 기도는 기도가 아니다. 그러나 끈질긴 기도는 대포알과 같아서 어떤 문도 열어젖힌다"라고 말했다. 성령충만하기 위해 끈질기게 기도하며 평생 기도를 멈추면 안 된다.

하나님은 우리가 늘 성령충만하길 원하신다. 그래서 우리 마음 문을 두드리시며 새로운 도전으로 이끄신다.

영적으로 미지근해져서 하나님으로부터 토해버리겠다는 경고를 받은 교회가 있다. 요한계시록 3장에 나오는 라오디게아 교회이다. 주님은 이 미지근함을 해결할 방법으로, 주님이 우리 마음을 두드리실 때 문을 열라고 말씀하신다.

볼지어다 내가 문밖에 서서 두드리노니 누구든지 내 음성을 듣고 문을 열면 내가 그에게로 들어가 그와 더불어 먹고 그는 나와 더불어 먹으리라 계 3:20

주님이 두드리실 때 문을 열고 받아들이면 영적 잔치가 일어난다는 것이다.

영락교회 김운성 목사님이 설교 중 인용하신 어느 권사님의 이야기이다. 권사님은 남편 장로님이 소천한 후 넉넉한 유산을 받아 취미생활을 하며 살았다. 전국을 다니며 돌을 모으는 수석 수집이 유일한 낙이었다. 어느 날, 비싸게 사 온 돌을 다듬고 있는데, 갑자기 성령의 음성이 들렸다.

'○○ 권사야, 뭐 하느냐?'

'저, 돌 닦고 있는데요.'

'너도 잠시 후면 네 남편처럼 내 앞에 설 텐데 뭐 하다 왔다고 하려느냐?'

그때 권사님의 온몸에 소름이 돋았다. 식은땀이 흐르면서 할 말이 없었다. "돌 닦다가 왔어요"라고 하면 정말 책망받을 것 같았다.

그래서 다음날, 교회에 가서 무엇을 해야 할지 둘러보았다. 성가대에 서려니까 노래를 못하고, 교사를 하려니까 성경을 잘 몰랐다. 너무 고민이 되었다. 교회 마당 앞으로 한 무리가 나가는 걸 보고 따라갔다가 전도지를 몇 장 받아서 전도하는데, 권사님에게 딱 맞았다. 전도만 하면 많은 사람이 주께로 돌아왔다.

그 후 권사님은 전도팀에 들어갔고, 많은 열매가 있었다. 남편에게 물려받은 유산으로 전도 물품을 사고, 전도한 성도를 돌보는 일에 힘썼고, 교단의 전도 왕까지 되었다.

이처럼 하나님께서는 우리 마음을 두드리신다. 다시 열정을 가지라고 계속 두드리신다. 그때 우리가 할 일은 마음을 활짝 여는 것뿐이다.

신선한 생수의 강

주께서 내 뿔을 들소의 뿔같이 높이셨으며 내게 신선한 기름을 부으셨나이다 시 92:10

하나님은 우리에게 신선한 기름, 즉 신선한 성령의 은혜를 주고 싶어 하신다. 요한복음 7장 38절에 나오는 생수의 강도 신선한 강이다. 고여 있어서 냄새나는 연못이 아니다. 하나님은 우리 배에서 신선한 강이 흐르기를 원하신다.

몇 년 전, 이스라엘에 갔다가 기름을 사 온 적이 있다. 신선한 기름이라 향도 좋아서, 기도할 때 바르곤 했다. 그런데 이사를 하다 보니 짐에 갇혀서 오랜만에 다시 찾게 되었다. 뚜껑을 열어보니 이전의 신선한 향은 사라지고 안 좋은 냄새가 났다. 나는 이 기름병을 책장에 두고 때마다 나 자신을 돌아보곤 한다. 내게 임한 성령의 은혜도 얼마든지 신선함을 잃을 수 있고, 향기도 잃을 수 있다.

나는 영성에 관한 강의를 자주 한다. 많은 이가 영성에 관심을 갖고, 자기 영성이 깊어지기를 바란다. 성도가 늘 신선한 영성을 유지하기 위해 내가 강조하는 것이 있다.

기독교 영성은 크게 네 가지 전통으로 나뉜다. 말씀을 강조하는 전통, 기도와 성령 체험을 강조하는 전통, 사회 참여와 봉사를 강조하는 전통 그리고 수도원 같은 신비주의를 강조하는 전통이 있다.

당신도 아마 이중 하나에 속할 것이다. 에스겔서 47장의 표현대로 발목에서 무릎 그리고 허리 깊이에서 수영할 수준으로 깊어지고 새로워지려면, 내가 속한 전통만 강조하면 안 된다. 나와 다른 성향의 기독교 영성에도 마음을 열고 대화하며 배우고, 경험해 보아야 한다.

즉, 말씀을 강조하는 분위기에서 자란 성도라도 뜨거운 성령 체험을 해봐야 하고, 가난한 자를 돌보는 사회 참여도 해보는 게 좋다. 이런 자극이 내 영성을 신선하게 깨운다. 그래서 주님은 우리에게 신선한 만남을 주신다.

내 아내는 기도를 참 많이 한다. 기도하는 어머니 권사님을 따라 기도하며 결혼 전부터 기도의 체험이 많았다. 그래서 나는 결혼 후 아내의 도움을 많이 받았다. 목회하면서 아내의 중보기도가 큰 힘이 되었다.

그런데 몇 년 전, 아내의 영성이 차츰 가라앉기 시작했다. 기도회를 인도하는 모습이 예전 같지 않았다. 내게 기도회를 이끄는 게 힘들고, 맥이 빠지고, 예전 같지 않아서 그만두고 싶다고 말할 정도였다. 나는 걱정이 되었다.

'아내가 갱년기인가?'

실제로 많은 목회자가 갱년기를 겪는 사모 때문에 고생하는 모습을 보았다. 기도도 해주고, 상담도 해주고, 가끔 바람도 쐬고 왔지만, 아내는 좀처럼 회복될 기미가 보이지 않았다.

그러던 어느 날, 아내가 한 기도 모임에 다녀와서 확 살아났다. '마마 클럽'(마리아처럼 기도하고 마르다처럼 섬기는 어머니 기도 운동)이라는 기도 모임이었다. 아내의 회복이 반가우면서도 처음 듣는 모임이라 조금 걱정이 되었다.

부산에서 시작된 중보기도 모임이고, 다른 도시에서도 시행한다는 말을 듣고 부산 교계 목사님들에게 전화를 걸어 확인했다. 모두 귀한 모임이고, 본인들의 교회도 참석하고 있으니 마음을 열고 받아들이라고 권면해 주셨다.

마침 내가 대구성시화 운동 대표를 맡고 있어서 우리 교회에서도 마마 클럽 중보기도 모임을 열었다. 한 달에 한 번 열리는 이 기도 모임을 통해 아내가 살아나고 활기를 찾았다. 아내가 살아나니 교회 중보기도가 살아났고, 많은 기도 사역자가 활력을 얻었다. 대구에서 기도하는 여성들이 이 기도 모임을 통해 기도하며 교계에 신선한 바람을 일으켰다.

하나님은 계속 우리에게 신선한 기름을 부어주길 원하신다. 이때 우리가 할 일은 영적으로 날카롭게 분별하며 마음을 여는 것이다. 그러면 신선한 강물과 연결이 된다. 죽는 날까지 신선한 생수를 마시며 활기찬 신앙생활을 누릴 수 있다.

생수의 강은 나에게만 흐르지 않는다. 모든 성도의 배에서 흐른다. 이 강이 다른 지체 가운데 흐르는 강들과 연결되면 바다를 이룬다. 그럴 때 "이는 물이 바다를 덮음같이 여호와의 영광을 인정하는 것이 세상에 가득함이니라"(합 2:14)라는 말씀이 이 세상 가운데 이루어질 것이다.

이 책 또한 당신의 마음을 두드려 신선한 생수의 강이 평생 넘치는 은혜를 받는 데 쓰임 받길 바라며 기도한다.

인생을 재해석해 주시는 하나님

세계적인 작가 괴테는 《파우스트》를 무려 60년에 걸쳐 집필했다고 한다. 내가 쓴 이 책은 그 명작과는 비교도 되지 않지만, 나의 길다면 긴 60여 년 인생이 고스란히 녹아들어 있다.

이 책을 쓰면서 그토록 잊고 싶고 아프기만 했던 과거의 상처, 억울함과 실수 그리고 후회의 감정마저 남을 돕는 재료로 쓰일 수 있다는 데 놀라고 감사했다. 무엇보다 그 과정에서 내 인생을 새로운 눈으로 바라보고 재해석할 수 있었던 것만으로도 수지맞는 일이다.

당신도 이 책을 읽으며 자신의 인생을 천천히 재해석해 보길 권면한다. 그러니 책장을 빨리 넘기지 말고 찬찬히 곱씹으며 읽으면 좋겠다. 책에는 내 경험을 비롯한 성경 말씀과 전문가들의 지혜가 고루 들어 있기 때문이다. 기도하는 마음으로 성령님의 도움을 받으며 읽어나간다면 당신 안에 거하시는 성령님이 반드시 도와주실 줄 믿는다.

이제 책을 세상에 내보내면서 이 책이 꼭 필요한 분들의 손에 닿길 바란다. 그리고 나에게 행하신 성령님의 아름다운 역사가 독자들에게도 일어나기를 기도한다. 이 책이 세상에 나올 수 있도록 인도해 주신 하나님께 감사하며 모든 돕는 손길에도 다시 한번 진심으로 감사의 마음을 전한다.

나를 믿는 자는 성경에 이름과 같이
그 배에서 생수의 강이 흘러나오리라 하시니 요 7:38

영혼의 공사

초판 1쇄 발행	2026년 2월 20일
초판 3쇄 발행	2026년 3월 12일

지은이	이건호

펴낸이	여진구		
책임편집	김아진 배예담		
편집	이영주 진효지 최현수 구주은 안수경 김도연		
책임디자인	정은혜 마영애 ㅣ 노지현 조은혜		
마케팅	김상순 강성민	마케팅지원	최영배 정나영
제작	조영석 허병용	경영지원	김혜경 김경희 김영하

303비전성경암송학교 유니게 과정
이슬비전도학교 / 303비전성경암송학교 / 303비전꿈나무장학회

펴낸곳	(주)규장갓피플

주소 06770 서울시 서초구 매헌로 16길 20(양재2동) 규장선교센터
전화 02)578-0003   팩스 02)578-7332
이메일 kyujang0691@gmail.com
페이스북 facebook.com/kyujangbook
카카오스토리 story.kakao.com/kyujangbook
등록번호 제2026-000001호
since 1978.08.14

홈페이지 www.kyujang.com
인스타그램 instagram.com/kyujang_com

ⓒ 저자와의 협약 아래 인지는 생략되었습니다.
이 출판물은 저작권법에 의해 보호를 받는 저작물이므로 무단 전재와 무단 복제를 할 수 없습니다.

책값 뒤표지에 있습니다.
ISBN 979-11-6504-686-6 03230

규 ㅣ 장 ㅣ 수 ㅣ 칙

1. 기도로 기획하고 기도로 제작한다.
2. 오직 그리스도의 성품을 사모하는 독자가 원하고 필요로 하는 책만을 출판한다.
3. 한 활자 한 문장에 온 정성을 쏟는다.
4. 성실과 정확을 생명으로 삼고 일한다.
5. 긍정적이며 적극적인 신앙과 신행일치에의 안내자의 사명을 다한다.
6. 충고와 조언을 항상 감사로 경청한다.
7. 지상목표는 문서선교에 있다.